Maria Goretti de Oliveira
Maria Inês Carniato
Rosa Ramalho
Verônica Firmino

E a Palavra se fez carne

(Jo 1,14)

Viver e celebrar o Advento e o Natal

Paulinas

Dados Internacionais de Catalogação na Publicação (CIP)
Angélica Ilacqua CRB-8/7057

E a Palavra se fez carne (Jo 1,14) : viver e celebrar o Advento e o Natal / Maria Goretti de Oliveira...[et al.] – 1. ed. – São Paulo : Paulinas, 2024. 112 p.

Outras autoras:
Maria Inês Carniato, Rosa Ramalho, Verônica Firmino
ISBN 978-65-5808-300-9

1. Liturgia – Igreja Católica 2. Advento 3. Natal I. Oliveira, Maria Goretti de

24-4075   CDD 264

Índice para catálogo sistemático:
1. Liturgia – Igreja Católica

1ª edição – 2024

Direção-geral: *Ágda França*
Editora responsável: *Maria Goretti de Oliveira*
Revisão: *Sandra Sinzato e Ana Cecilia Mari*
Gerente de produção: *Felício Calegaro Neto*
Produção de arte: *Elaine Alves*
Imagem de capa: *@freepik.com*
Imagens de miolo: *pp. 57, 69, 85, 91, 97: @freepik.com*
p. 91: @pixabay.com
p. 97: Arquivo Paulinas
p. 103: @Jusepe-de-Ribera/Wikimedia Commons

Cadastre-se e receba nossas informações
paulinas.com.br
Telemarketing e SAC: 0800-7010081

Paulinas
Rua Dona Inácia Uchoa, 62
04110-020 – São Paulo – SP (Brasil)
📞 (11) 2125-3500
✉ editora@paulinas.com.br

© Pia Sociedade Filhas de São Paulo – São Paulo, 2024

SUMÁRIO

APRESENTAÇÃO

O Ano Litúrgico começa no Primeiro Domingo do Advento e nos convida a percorrer um caminho de fé e de esperança na expectativa da vinda e manifestação do Filho de Deus. O Advento nos prepara para o Natal, inserindo-nos na dimensão histórica e escatológica do mistério cristão. No Advento, podemos vislumbrar os sinais da chegada de Deus. Desse modo, o mistério de salvação vai ressoando em nós, reavivando a nossa esperança e tornando-nos mais atentos e receptivos a esse acontecimento. No Natal, celebramos o nascimento do Senhor. Esse tempo nos convida à alegria e à configuração da nossa vida em Cristo, pois, ao celebrar a revelação de Deus na encarnação, contemplamos o mistério de um Deus que se encarna a fim de redimir toda a humanidade. Jesus, divino e humano, assume a fragilidade da nossa carne, fazendo-nos, assim, participantes da sua natureza divina.

Este livro tem a finalidade de ajudar as famílias e comunidades a se prepararem para viver, com sentido e profundidade, o tempo do Advento e o tempo do Natal. As celebrações destes tempos irão ajudar-nos a entrar no mistério e a acolher o Salvador em nosso meio.

Todas as músicas sugeridas nesta obra estão na playlist. Acesse o QRcode abaixo.

Advento

O ADVENTO

Com o Advento, a Igreja inicia o Ano Litúrgico, que segue a lógica da vinda de Jesus: nascido em Belém, criado em Nazaré, manifestado ao povo de Israel como pregador do Reino de Deus, morto e ressuscitado, presente na Igreja e que voltará em sua glória. Tudo o que os Evangelhos relatam sobre Jesus tem como finalidade revelar sua identidade de Deus-Salvador, realizada plenamente na encarnação, nascimento, vida, morte e ressurreição.

Os primeiros séculos da Igreja foram marcados pela memória e pelo anúncio da ressurreição do Senhor, assim como pela forte expectativa de seu retorno glorioso no fim dos tempos. Nesse sentido, o Natal e a Páscoa se completam na celebração do único mistério da salvação. O Natal celebra a apresentação do Filho de Deus ao mundo, enquanto sua plena revelação ocorre na Páscoa, a principal solenidade cristã.

Decisão catequética da Igreja

As celebrações eucarísticas do tempo do Advento, por meio de suas leituras, salmos, antífonas, cânticos e orações, revelam aquilo que o Advento significa: a memória, a atualização e a esperança da vinda do Senhor e do nosso encontro pessoal e comunitário com ele. A origem desse tempo tão inspirador coincide com o surgimento da celebração do Natal.

Nos primeiros séculos do Cristianismo, enquanto as verdades da fé eram esclarecidas e explicadas, o confronto com o pensamento da época deu lugar a alguns equívocos acerca de Cristo, as chamadas heresias. Um exemplo disso é a dificuldade, que persistiu por mais de trezentos anos, para estabelecer um consenso a respeito da divindade de Jesus Cristo, Filho de Deus, que se encarnou e nasceu por meio de Maria. Foi apenas no quarto século que se definiu oficialmente a verdade que vinha sendo ensinada desde o tempo dos apóstolos e que a Igreja professa até hoje no *Creio*: "Creio em Deus Pai, todo-poderoso, criador do céu e da terra. E em Jesus Cristo, seu único Filho, Nosso Senhor, que foi concebido pelo poder do Espírito Santo; nasceu da Virgem Maria...".

A Igreja precisou encontrar formas de difundir a certeza fundamental sobre as duas naturezas, divina e humana, unidas na única pessoa de Jesus de Nazaré. Por isso, no ano 336, foi celebrada pela primeira vez a memória litúrgica do nascimento do Senhor em Belém, e a data escolhida foi 25 de dezembro, dia em que a sociedade romana festejava o renascimento do deus Sol, que era aclamado com o título de "Sol invicto". Pode-se dizer que essa decisão teve dois objetivos: o primeiro foi distanciar os cristãos da festividade pagã, uma vez que a maioria dos fiéis havia se convertido da idolatria e, por toda a vida, participava desses ritos populares tão atraentes e apreciados; o segundo e mais importante objetivo foi fixar uma data anual de intensa catequese, esclarecimento e celebração da fé na divindade do Senhor e em sua encarnação e nascimento em Belém, na condição humana, conforme contam os Evangelhos. O título bíblico de "Sol nascente" (Antífona da novena de Natal, cf. Lc 1,78) foi dedicado a Jesus. Essa designação é confirmada por inúmeros hinos litúrgicos dos primeiros séculos da Igreja, que o descrevem como: Clarão da glória do Pai, Luz que a Luz origina, Luz que ao dia ilumina, Sol verdadeiro de imenso esplendor... etc. (cf. *Liturgia das Horas* – tempo de Natal).

Ao longo dos anos, a prática de celebrar o Natal do Senhor começou a substituir o rito pagão dedicado ao Sol. Contudo, ao mesmo tempo, surgiu a necessidade de uma preparação mais extensa que ajudasse as pessoas a compreender o conteúdo bíblico e a vivenciar melhor a festa litúrgica natalina. Para atender a essa necessidade, igrejas de várias regiões da Europa instituíram algumas semanas a serem dedicadas à espera da vinda de Jesus, a qual os bispos, em suas homilias, definiram como *Adventus Domini* (vinda do Senhor ao nosso encontro), em uma nova forma de inculturação da fé, pois, no Império romano, esses termos eram usados para designar a preparação para a chegada do imperador a uma cidade.

Expectativa de ver o Senhor

Adventus é um vocábulo em latim, a língua latina falada em Roma na época antiga e conservada pela Igreja ao longo dos séculos. O prefixo *ad* pode ser também traduzido como "ir ao encontro". Portanto, a ideia inspira duas cenas: de um lado, alguém está a caminho e prestes a chegar; de outro, quem espera não permanece passivo, mas caminha na direção de quem chega. O caminhar e correr para receber o Senhor que vem é um dos aspectos mais acentuados nas orações litúrgicas do Advento. Na Carta apostólica *Admirabile Signum*, 1, sobre o significado e o valor do presépio, o Papa Francisco diz: "Somos convidados a colocar-nos espiritualmente a caminho, atraídos pela humildade daquele que se fez homem a fim de se encontrar com todo o homem, e a descobrir que nos ama tanto, que se uniu a nós para podermos, também nós, unir-nos a ele".

Três dimensões do tempo presente

A esperança na vinda do Senhor e a decisão de caminhar ao seu encontro, simbolizadas no presépio com a terna expectativa pelo nascimento do Menino Jesus entre anjos, pastores e animais, na gruta de Belém, nascem, mais propriamente, da celebração do mistério do Natal, em suas três dimensões: a memória do passado, a vivência no presente e a esperança futura.

A primeira dimensão tem a ver com a esperança na vinda gloriosa do Senhor no fim dos tempos. A oração coleta, da missa do Primeiro Domingo do Advento, suplica a Deus que conceda aos fiéis o desejo de correr ao encontro do Cristo que vem, para que mereçam possuir o reino celeste. Esse anseio pela chegada do Reino é típico do processo de entendimento do projeto de Deus, pelo qual passou a Igreja dos primeiros séculos a partir da ressurreição do Senhor.

As práticas do Advento começaram em meados do quarto século da Igreja, tempo em que a catequese e as celebrações litúrgicas do ano todo eram centradas em Cristo ressuscitado. Conforme os Evangelhos, Jesus de Nazaré, depois de ter anunciado o reino de Deus e realizado seus sinais, foi julgado, condenado e morto na cruz. Mas ressuscitou dos mortos. Essa foi a grande novidade que originou a Igreja. Seus discípulos, transformados em apóstolos pela ação libertadora do Espírito Santo, saíram pelo mundo a anunciar a toda criatura o Evangelho, a Boa Notícia da libertação do pecado e da salvação eterna trazida pela morte e ressurreição de Cristo. Os primeiros cristãos pensavam que a plenitude do Reino de Deus no fim dos tempos iria chegar em breve, por isso, em todas as liturgias, pronunciavam a invocação aramaica *Maranatha* (Vem, Senhor). No fim do livro do Apocalipse, o autor repete em nome de toda a criação: "Vem, Senhor!". E o Senhor responde: "Sim! Venho sem demora. Amém" (Ap 22,20). A nova vinda, o novo encontro no fim dos tempos, é o desfecho do longo diálogo bíblico entre Deus e a humanidade, o ponto de chegada de toda a História da Salvação. A expectativa dessa segunda vinda é clara nas cartas do apóstolo Paulo: em 1 Tessalonicenses e 1 Coríntios o Apóstolo aponta a vida cristã como um contínuo olhar para o futuro de onde vem o Senhor.

O tempo do Advento celebra em primeiro lugar a esperança futura, porque a Igreja vive um advento perene, em contínua peregrinação no tempo histórico da humanidade, por todos os dias até o fim dos tempos (cf. Mt 28,20). Este é o Tempo da Igreja, o caminho sinodal, comunitário rumo ao Novo Céu e à Nova Terra (cf. Ap 22,1), quando todas as criaturas, libertas do pecado e da morte, glorificarão a Deus eternamente. A esperança no futuro é a tônica das três primeiras Semanas do Advento, desde o primeiro domingo até o dia 16 de dezembro quando começa a novena de Natal, e no último domingo, quando a liturgia faz a memória mais imediata do nascimento de Jesus em Belém.

A segunda dimensão, sobre a memória do passado, é evidente não só nas leituras bíblicas que relembram a esperança do povo de Israel no Messias prometido por Deus e anunciado pelos profetas, como também nas narrativas dos anúncios do nascimento de João Batista e de Jesus, com as respectivas cenas familiares que as envolvem. A última Semana do Advento dá ênfase às belíssimas invocações inspiradas no profeta Isaías, as quais formam a novena de Natal. A Igreja, com jubilosa esperança, ergue a voz em cânticos, em nome de todas as criaturas, e clama pela chegada do Messias, com seus títulos bíblicos, seguidos do convite suplicante:

- Vinde, *ó Sabedoria* que saístes da boca do Altíssimo, atingis os confins do universo e com força e suavidade governais o mundo inteiro! Vinde ensinar-nos o caminho da prudência! (cf. Is 11,2).

- Vinde, *ó Adonai*, guia da casa de Israel, que aparecestes a Moisés na sarça ardente e lhe destes vossa lei sobre o Sinai! Vinde salvar-nos com o braço poderoso! (cf. Ex 6,6).

- Vinde, *ó Raiz de Jessé*, ó estandarte levantado em sinal para as nações! Ante vós se calarão os reis da terra, e as nações implorarão misericórdia! Vinde salvar-nos! Libertai-nos sem demora! (cf. Is 11,1).

- Vinde, *ó Chave de Davi*, cetro da casa de Israel, que abris e ninguém fecha, que fechais e ninguém abre! Vinde logo e libertai o homem prisioneiro, que nas trevas e na sombra da morte está sentado! (cf. Is 22,22).

- Vinde, *ó Sol nascente* justiceiro, resplendor da Luz eterna! Vinde e iluminai os que jazem entre as trevas, e na sombra do pecado e da morte, estão sentados! (cf. Is 9,1).

- Vinde, *ó Rei das nações*, desejado dos povos! Ó pedra angular, que os opostos unis! Vinde e salvai esse homem tão frágil, que um dia criastes do barro da terra! (cf. Is 9,1-6).

- Vinde, *ó Emanuel Deus-conosco*, nosso Rei legislador, esperança das nações e dos povos Salvador! Vinde, enfim, para salvar-nos, ó Senhor e nosso Deus! (cf. Is 7,14).

O povo de Israel esperou por muitos séculos a vinda de um rei justo e pacífico, descendente de Davi, que iria libertar a nação dos inimigos e guardá-la do mal, como um pastor que cuida do rebanho. Jesus veio ao mundo e realizou os sinais do Reino de Deus, mas a religião judaica não conseguiu reconhecer nele o Messias esperado. Os apóstolos, por sua vez, ao anunciarem a morte e ressurreição de Jesus, revelaram a visão nova da esperança messiânica: o Messias não é apenas um descendente da realeza de Davi; é o libertador e salvador de todos os povos. Pode-se ver nitidamente essa mudança de entendimento no primeiro anúncio do apóstolo Pedro aos judeus e gentios reunidos em Jerusalém, no dia de Pentecostes: "'A esse Jesus, Deus o ressuscitou; todos nós somos testemunhas disso'. [...] E Pedro lhes diz: 'Convertei--vos e sede batizados no nome de Jesus Cristo [...], pois para vós é a promessa, e para vossos filhos e para todos aqueles que estão longe, tantos quantos o Senhor, nosso Deus, chamar!'" (At 2,32.38-39). Por isso, a Igreja romana, fundada sobre os apóstolos Pedro e Paulo, identifica-se como católica, que quer dizer *universal*, isto é: aberta a todo ser humano, de todos os povos e em todos os tempos.

A ressurreição do Senhor e sua missão redentora, que alcança todas as criaturas, propiciaram o entendimento da natureza divina de Jesus, nascido em Belém. A Igreja crê que ele é o Filho de Deus que assumiu a condição humana e veio ao mundo por meio de Maria, como relata a passagem evangélica do anúncio do anjo à virgem de Nazaré. O anjo lhe disse: "Não temas, Maria, pois encontraste graça diante de Deus! Conceberás em teu seio; darás à luz um filho e o chamarás Jesus". Maria, desejosa de entender e aderir, perguntou como isso iria acontecer, já que ainda não convivia com seu esposo José. O anjo revelou-lhe o mistério da encarnação: "O Espírito Santo descerá sobre ti, o poder do Altíssimo te cobrirá; por isso, aquele que nascer será santo; será chamado Filho de Deus" (cf. Lc 1,30-31.34-35).

As duas principais personagens que acompanham a reflexão cristã na segunda dimensão do tempo do Advento são justamente Maria e José. Por meio dos relatos dos Evangelhos, a Igreja faz memória das narrativas do passado. Zacarias e Isabel são protagonistas do nascimento de João Batista, o último dos profetas e o precursor de Jesus. O Batista atualiza a vivência da espera do Messias com o chamamento ao povo de Israel para preparar os caminhos do Senhor mediante a conversão, a penitência dos pecados e a mudança de vida.

A terceira dimensão, sobre a vivência no presente, perpassa as outras duas dimensões. O Senhor vem a cada dia, a cada momento; cabe a nós recebê-lo, como diz o Apocalipse: "Eis que estou parado à porta e bato! Se alguém ouvir minha voz e abrir a porta, entrarei para junto dele e comerei com ele, e ele comigo" (Ap 3,20). A liturgia dos quatro domingos do Advento ajuda a vivenciar no presente a caminhada ao encontro do Senhor que vem.

Ao falar da vinda do Senhor, Bernardo de Claraval, monge e doutor da Igreja, explica em um sermão do Advento: "Oculta, ao invés, é a vinda intermediária, na qual somente os eleitos o veem dentro de si, e suas almas são salvas. Na primeira vinda, portanto, ele entra na fraqueza da carne; nesta intermediária, vem no poder do Espírito; na última, virá na majestade da glória. Assim, esta vinda intermediária é, por assim dizer, um caminho que une o primeiro ao último". A "vinda intermediária", mencionada por São Bernardo, é, portanto, a ação do Espírito Santo que transforma e santifica, quando a pessoa abre o coração ao Senhor.

VIVER O ADVENTO

Se, no Advento, a Igreja propõe os passos que conduzem jubilosamente ao encontro do Senhor que vem, cabe a cada pessoa aplainar o caminho, limpá-lo de tudo aquilo que possa dificultar a caminhada ou torná-la excessivamente cansativa, para não dificultar os passos daqueles que caminham. Esta é uma prática cotidiana, um aspecto da espiritualidade.

E essa vivência deve se expandir ao longo do ano todo, pois tornar retos os caminhos sinuosos e aplainar os acidentados requer um esforço constante de conversão que abrange a vida inteira. É um estilo de vida, uma conexão permanente com Deus Pai, Filho e Espírito Santo. Esta união configura a identidade da pessoa batizada à própria pessoa de Jesus, sob a ação do Espírito, e a faz testemunha do Reino de Deus e de seu amor.

A espiritualidade do Advento inspira a assimilação e a vivência constantes daquilo que é celebrado na liturgia. Uma das reflexões mais comuns desse tempo de espera é: "preparar o coração para a vinda do Senhor". Isso quer dizer converter-se e crer no Evangelho. Na prática, é o exercício de prudência, discernimento, justiça, paz e, sobretudo, de amor ao próximo e de caridade. Estas palavras-chave, inspiradas no ensinamento do apóstolo Paulo, formam a tônica dos dois primeiros domingos, enquanto os dois últimos são dedicados à alegria, à oração e à vigilância. É isso que escreve o apóstolo nas cartas proclamadas nas missas dominicais do Advento. Quatro desses textos, aqui selecionados dentre os três diferentes anos litúrgicos, mostram que a espiritualidade é um constante converter-se, vencer o pecado e crescer na santidade e no amor fraternal:

1. No Primeiro Domingo – Paulo escreve aos tessalonicenses: "E que o Senhor vos faça crescer e ir além, em caridade uns pelos outros e para com todos, do mesmo modo que nós para convosco, a fim de confirmar vossos corações e santidade irrepreensível diante de Deus, nosso Pai, por ocasião da vinda do Senhor nosso Jesus Cristo com todos os seus santos! Amém!" (1Ts 3,12-13 – Ano B).

2. No Segundo Domingo – Paulo escreve aos filipenses: "De fato, Deus é minha testemunha da saudade que tenho de todos vós na ternura de Jesus Cristo. E para isto oro: que vosso amor aumente mais e mais em conhecimento e em toda compreensão, para que possais discernir o que é superior, de modo que sejais sinceros e sem fingimento para o dia de Cristo, plenos do fruto de justiça que vem por Jesus Cristo para glória e louvor de Deus" (Fl 1,8-11 – Ano C).

3. No Terceiro Domingo – Paulo repete aos filipenses: "Alegrai-vos sempre no Senhor! De novo peço: alegrai-vos! Vossa gentileza seja conhecida por todos! O Senhor está próximo. Não vos inquieteis, mas, em toda ocasião, apresentai a Deus vossos pedidos com oração, prece e ação de graças! E a paz de Deus, que supera toda a compreensão, guardará vossos corações e vossas inteligências em Cristo Jesus" (Fl 4,4-7 – Ano C).

4. No Quarto Domingo – Paulo escreve aos romanos: "Paulo, servo de Cristo Jesus, chamado apóstolo, separado para o Evangelho de Deus, que foi prometido por seus profetas nas Escrituras santas, a respeito de seu Filho, que é da

descendência de Davi, segundo a carne, e foi estabelecido Filho de Deus com poder, segundo o Espírito de santidade, pela ressurreição dos mortos, Jesus Cristo, nosso Senhor, por quem recebemos a graça de sermos enviados para anunciar a obediência da fé entre todas as nações, em favor de seu nome, entre os quais estais também vós, chamados de Jesus Cristo" (Rm 1,1-6 – Ano A).

A espiritualidade do Advento envolve vivenciar o anúncio de João Batista: o Reino dos Céus está próximo. Trata-se de participar da missão da Igreja na acolhida do Reino na história e de engajar-se na ação libertadora em prol da justiça e da paz, que supera os efeitos do pecado e da opressão na vida de todas as criaturas e de toda a terra. Desse modo, prepara-se a criação de Deus para o dia da salvação. O Papa Francisco sugere:

> O Advento convida-nos a um compromisso de vigilância, olhando para fora de nós mesmos, ampliando a mente e o coração, para nos abrirmos às necessidades das pessoas, dos irmãos, ao desejo de um mundo novo. É o desejo de muitos povos martirizados pela fome, pela injustiça e pela guerra; é o desejo dos pobres, dos frágeis, dos abandonados. Este tempo é oportuno para abrirmos o nosso coração, para fazermos perguntas concretas sobre como e por quem despendemos nossa vida.[1]

Trata-se da resposta, do compromisso de cada pessoa batizada e de toda a Igreja com o projeto de Deus revelado em Jesus Cristo, que veio ao mundo na condição de uma criancinha em Belém e que virá glorioso no fim dos tempos para julgar os vivos e os mortos – como reza o Símbolo Apostólico. A

---

[1] *Angelus*, 02/12/2018. Disponível em: vaticannews.va. Acesso em: 24/05/2024.

resposta que Deus espera de cada um de nós é a prática daquilo que é revelado por meio da Igreja. Foi João Batista quem fez esse apelo aos hebreus do tempo de Jesus e, hoje, repete-o a nós: "Convertei-vos, pois o Reino dos Céus está próximo!" (Mt 3,2). E faz o povo recordar a profecia de Isaías: "Voz de alguém que clama no deserto: preparai o caminho do Senhor, fazei retas as suas veredas! Todo vale será aterrado, e todo monte e toda colina rebaixados, os caminhos sinuosos se tornarão retos, e os acidentados, aplainados. E toda carne verá a salvação de Deus" (Lc 3,4-6).

A conversão permanente e o crescimento no caminho do amor e do serviço conferem à pessoa uma espiritualidade, uma identidade aberta à ação sobrenatural de Deus, que a santifica.

Viver o Advento é contemplar Maria

"Quando, porém, veio a plenitude do tempo, Deus enviou o seu Filho, nascido de mulher, nascido sob a lei" (Gl 4,4). O apóstolo Paulo, ao escrever aos gálatas, não se refere exclusivamente a Maria, pois, se quisesse fazer isso, teria dito: "nascido de uma mulher". Paulo usa uma expressão que identifica todo ser humano, na Sagrada Escritura, e que também foi empregada por Jesus com respeito a João Batista: "Eu vos digo: entre os nascidos de mulher ninguém é maior que João" (Lc 7,28a). Ele pressupõe que os gálatas sabem quem é a Mãe de Jesus. Seu intuito na carta é mostrar a natureza humana do Senhor. Porém, seu forte acento na "plenitude do tempo" revela indiretamente a grandeza da Mãe.

O tempo da esperança profética da vinda do Messias culminou na fé de Maria, quando ela escutou o convite de Deus e respondeu: "Eis aqui a serva do Senhor! Faça-se em mim segundo tua palavra" (Lc 1,38). Esta é a plenitude do tempo que Paulo cita; é o significado máximo da história: o auge do entendimento entre Deus e o ser humano, uma cooperação em plenitude da parte de Maria, que é livre dos condicionamentos do pecado. Maria deu sua adesão inteligente e ativa, permitindo, assim, a ação do Espírito Santo, que gerou o Verbo de Deus em seu corpo e em sua natureza humana, plena porque isenta do pecado.

Maria tornou-se a "Mãe do Senhor", como a chamou Isabel (cf. Lc 1,43), e a Mãe de todo ser humano, de toda criatura, conforme é honrada no prefácio da missa votiva a Maria Imagem e Mãe da Igreja, onde se reza que ela, ao acolher a Palavra de Deus no coração, mereceu conceber o Verbo Divino em seu seio; e, ao pé da cruz, assumiu todos os seres humanos como filhos e filhas, renascidos para a vida eterna pela morte de Cristo. As narrativas da infância de Jesus no Evangelho de Lucas têm diversas semelhanças com o nascimento da Igreja nos Atos dos Apóstolos. O Espírito Santo que vem sobre Maria no dia do anúncio do anjo (Lc 1,35) é o mesmo que vem sobre os discípulos em Pentecostes (At 1,8); Maria vai às pressas ao encontro de Isabel (Lc 1,39); os apóstolos partem ao encontro dos representantes de todos os povos que se encontravam naquele dia em Jerusalém (cf. At 2,5-11).

A cena do Evangelho proclamada na missa de Maria, Mãe da Igreja, é aquela em que Jesus a dá por mãe ao discípulo João: "Jesus, tendo visto a mãe e, a seu lado, aquele discípulo que ele amava, disse à mãe: 'Mulher, eis teu filho!'. Depois, disse ao discípulo: 'Eis tua mãe'. A partir daquela hora, o discípulo a tomou consigo" (Jo 19,26-27). O discípulo prefigura todos e todas que creem e seguem Jesus. Ao entrar na natureza humana, o Filho único e eterno de Deus derramou o amor do Pai sobre todos os seres criados. Ao sair do mundo e voltar para o céu, ele compartilhou também o amor da mãe, entregando-a como Mãe da Igreja. E o discípulo a tomou consigo: a Igreja passou a ser a família e a casa onde Maria é Mãe. Por isso, a Constituição dogmática *Lumen Gentium*, do Concílio Vaticano II, assim diz: "Esta maternidade de Maria na economia da graça perdura sem interrupção, desde o consentimento, que fielmente deu na anunciação e que manteve inabalável junto à cruz, até a consumação eterna de todos os eleitos. [...] [Ela] cuida com amor materno, dos irmãos de seu Filho, que, entre perigos e angústias, caminham ainda na terra, até chegarem à pátria bem-aventurada" (LG, 62-63).

Como família de Deus, a Igreja tem pai, mãe, filho primogênito e uma multidão incontável de irmãos e irmãs que o Pai adotou e trouxe para casa por intercessão do Filho Único, irmão de todos (cf. Cl 1,15-20). A Igreja assim professa a fé: "Creio em Deus Pai... e em Jesus Cristo, seu único Filho... que nasceu da Virgem Maria" (Símbolo Apostólico). Aí está a célula da família: pai, mãe, filho...

CELEBRAR O ADVENTO

Sabe-se que, no âmbito da espiritualidade, os símbolos são de grande auxílio na sensibilidade ao mistério revelado por Deus. O Natal, particularmente, é permeado de simbolismos que afetam o emocional, o familiar e o que há de mais profundo nas pessoas. Por isso, decorar a casa adequadamente é muito importante para toda a família neste tempo de espiritualidade e renovação da fé.

Dentre os enfeites de Natal, o pinheiro decorado com luzes e bolas é o mais comum. A árvore, na linguagem bíblica, é uma das principais imagens de bênção, vida espiritual e imortalidade. As luzes, da mesma forma, simbolizam a presença de Deus e sua ação iluminadora na vida daqueles que nele confiam.

Preparar o ambiente

Preparar o espaço onde se convive todos os dias é um gesto simbólico imbuído de espiritualidade bíblica. Os sinais da proximidade do Natal podem ser encontrados nos centros urbanos ainda antes que se inicie na Igreja o tempo litúrgico do Advento. Em novembro, lojas e espaços públicos chamam a atenção com as luzes e cores que evocam o clima festivo. Porém, é necessário esclarecer que as famílias cristãs não deveriam decorar a casa para o Natal antes da solenidade de Cristo Rei do Universo, no último domingo de novembro. Aguardar o início do Advento é viver em unidade com o sentido real e profundo do Natal. Para quem deseja refletir o mesmo espírito que existe na assembleia litúrgica da comunidade, a montagem da coroa de ramos e velas, que são acesas nas quatro semanas que antecedem o Natal, é um bom começo. Mas, antes de começar a montagem da coroa, é preciso contemplar o simbolismo que ela inspira.

Coroa – A espiritualidade do povo de Israel é permeada de figuras simbólicas que ajudavam as famílias a viver o dia a dia em sintonia com Deus, e a coroa é um desses símbolos. O Salmo 103 consola as pessoas que se sentem sem saída para suas dificuldades, convidando-as a confiar em Deus: "Perdoa toda a tua culpa, cura todas as tuas doenças, resgata tua vida da cova, coroa-te com lealdade e compaixão" (vv. 3-4). O Livro dos Provérbios, por sua vez, contém orientações sobre a educação doméstica das famílias em Israel, e assim descreve a relação das gerações: "Os netos são a coroa dos mais velhos, e a glória dos filhos são seus pais" (Pr 17,6); "Os cabelos brancos são uma coroa de glória; é no caminho da justiça que ela é encontrada" (Pr 16,31); "A mulher virtuosa é a coroa de seu marido" (Pr 12,4a). O apóstolo Paulo, exímio conhecedor da linguagem bíblica, vê na coroa o símbolo perfeito da esperança cristã: "Combati o bom combate, completei a carreira, mantive a fé. Ao fim, está reservada para mim a coroa da justiça, que o Senhor, justo juiz, me dará naquele dia; e não só a mim, mas também a todos os que amarem a manifestação dele" (2Tm 4,7-8); e o Apocalipse reforça com a promessa de Cristo glorioso: "Sê fiel até a morte e te darei a coroa da vida!" (Ap 2,10c); Maria, mãe e imagem da Igreja, é coroada no Apocalipse: "Um grande sinal foi visto no céu: uma mulher vestida de sol, com a lua debaixo de seus pés, e, sobre sua cabeça, uma coroa com doze estrelas" (Ap 12,1).

Se possível, a coroa deve ser formada por ramos naturais, preferencialmente de plantas que não sequem rápido, as quais, na Bíblia, simbolizam quem vive na justiça, conforme dito no Salmo 1,3: "Será como uma árvore plantada junto a canais de água, que dá seu fruto a seu tempo e cuja folhagem não murcha. Tudo o que faz terá êxito".

Ramo verde – Uma planta indicada para ser usada na coroa é o cipreste, porque conserva a cor verde por bastante tempo. Essa árvore é bastante comum em diversas regiões do Brasil, mas, caso não seja encontrada, outros tipos de ramos podem ser usados com o mesmo significado, ou, em último caso, um ramo artificial. O cipreste é simbólico não só por jamais perder a cor, mas também por sua grande altura, que remete ao caminho da pessoa de reto coração que procura sempre se elevar a Deus. A Bíblia cita essa bela árvore em inúmeras passagens: o profeta Oseias a compara ao próprio Deus no meio do povo: "Eu o atendo e olho para ele. Eu sou como cipreste verdejante: de mim procede teu fruto" (Os 14,9b); O Eclesiástico, ao falar da sabedoria, toma-a como exemplo: "Como cedro do Líbano me elevei e como um cipreste no monte Hermon" (Eclo 24,13). No Cântico dos Cânticos, o casal se regozija com o espaço do amor: "As vigas de nossas casas são de cedros, nossas ripas são cipreste" (Ct 1,17); Isaías faz dela sinal de vida nova pela volta do povo que estava no exílio: "Os montes e as colinas romperão em júbilo diante de vós, e todas as árvores do campo baterão palmas. Em vez do espinheiro, crescerá cipreste" (Is 55,12-13a).

A coroa de cipreste, ou outro ramo verde, representa a grande herança de fé e de amor que vem da convivência familiar israelita e da Igreja, desde os tempos bíblicos.

Velas – Relacionada a Deus, à fé, à fidelidade, à espiritualidade, a luz é um dos sinais frequentes na Bíblia. Na liturgia cristã, refere-se ao Senhor ressuscitado, à sua Palavra e à fé batismal. No Antigo Testamento, a luz da candeia e da lamparina era símbolo de adesão ao ensinamento de Deus contido na Escritura: "Tua palavra é uma lamparina para meus pés e uma luz para minha trilha!" (Sl 119,105); na família: "Meu filho, guarda o preceito de teu pai e não desprezes o ensinamento de tua mãe! Porque o preceito é uma lâmpada, o ensinamento é uma luz" (Pr 6,20.23a); na esperança da chegada do Messias: "O povo, andando nas trevas, avistou uma grande luz; sobre os moradores na terra da escuridão, uma luz brilhou" (Is 9,1). No Novo Testamento, o evangelista João associa a luz ao próprio Cristo, a Palavra de Deus que veio ao mundo: "Nela era vida, e a vida era a luz dos homens. E a luz brilha nas trevas, e as trevas não a apagaram" (Jo 1,4-5). O próprio Jesus, em sua atividade de explicar o Reino de Deus, usará o exemplo da luz que o povo conhecia: "Ninguém acende uma lâmpada para escondê-la debaixo de uma vasilha ou colocá-la debaixo do leito, mas coloca-a no candelabro para que os que entram vejam a luz" (Lc 8,16); "Tende cingida a cintura, e acesas as lâmpadas!" (Lc 12,35); "Então o Reino dos Céus se assemelhará a dez jovens que, tendo pegado suas lâmpadas, saíram ao encontro do noivo" (Mt 25,1). Por fim, a revelação do Apocalipse compara o fim dos tempos com o jardim iluminado por Deus: "Não haverá mais noite, não precisarão de luz da lâmpada nem de sol, porque o Senhor brilhará sobre eles, e reinarão pelos séculos dos séculos" (cf. Ap 22,5). Por isso, o Batismo é chamado "iluminação".

Confecção da coroa – Destacar a coroa na decoração natalina pode ser uma ideia nova que favoreça uma maior sintonia com o tempo do Advento e o Natal. Ela pode ser feita em casa, com materiais simples e de fácil montagem. Será necessário, para isso, ter uma bandeja ou uma estrutura de formato circular, velas e os ramos verdes. As quatro velas podem ser brancas, símbolo bíblico da luz de Deus e da inocência; de cor roxa, símbolo penitencial; ou nas quatro cores da liturgia: branca, vermelha, verde e rosa (ou roxa). A montagem é feita dispondo-se as velas no centro da bandeja e circundando-as com ramos verdes.

Presépio – Em muitos lares cristãos, o presépio ocupa um espaço relevante. Trata-se de uma maquete artística das cenas relatadas pelos evangelistas Lucas e Mateus sobre o nascimento de Jesus. O século XIII trouxe uma grande novidade pastoral na encenação do relato do nascimento de Jesus com personagens vivas, por iniciativa de Francisco de Assis, na cidade italiana de Greccio, em 1231. A partir dessa época, o presépio passou a ser moldado pelo talento de incontáveis artistas, e outras representações populares têm levado ao povo a grandiosidade e a simplicidade do mistério celebrado na liturgia.

Diz o Papa Francisco na Carta apostólica *Admirabile Signum*, 1, sobre o significado e valor do presépio: "O sinal admirável do presépio, muito amado pelo povo cristão, não cessa de suscitar maravilha e enlevo. Representar o acontecimento da natividade de Jesus equivale a anunciar, com simplicidade e alegria, o mistério da encarnação do Filho de Deus".

Na mesma carta, no número 4, o Papa atualiza a ternura do presépio e o remete ao amor de Deus, que vem sempre ao encontro das necessidades humanas:

Gostaria agora de repassar os vários sinais do presépio para apreendermos o significado que encerram. Em primeiro lugar, representamos o céu estrelado na escuridão e no silêncio da noite. Fazemo-lo não apenas para ser fiéis às narrações do Evangelho, mas também pelo significado que possui. Pensemos nas vezes sem conta que a noite envolve a nossa vida. Pois bem, mesmo em tais momentos, Deus não nos deixa sozinhos, mas faz-se presente para dar resposta às questões decisivas sobre o sentido da nossa existência: quem sou eu? Donde venho? Por que nasci neste tempo? Por que amo? Por que sofro? Por que hei de morrer? Foi para dar uma resposta a estas questões que Deus se fez homem. A sua proximidade traz luz onde há escuridão, e ilumina a quantos atravessam as trevas do sofrimento (cf. Lc 1,79).

É aconselhável que o presépio não seja montado muito antes do Natal. O ideal é começar a prepará-lo a partir do dia 16 de dezembro, tempo próximo da espera do Menino Jesus. Gradualmente, monte um cenário com pedregulhos e pedrinhas, um caminho, uma cabana ou gruta, com a manjedoura ainda vazia. Se possível, colocar elementos verdes naturais. Pode-se expor as personagens na seguinte ordem: primeiro os animais, depois os pastores, a seguir, José e Maria. Só na véspera ou na noite de Natal coloca-se o Menino Jesus e o anjo, e, por fim, os reis magos e a estrela. As peças podem ser recolhidas logo depois da festa dos reis magos (Epifania).

ENCONTROS DO ADVENTO

A cada domingo ou no dia em que a família ou o grupo se reunir para o momento de espiritualidade, pode-se acender uma das velas da coroa. Essas pausas semanais são orantes, meditativas e de partilha de vida e fé, a partir dos textos bíblicos do Advento, cujos roteiros são propostos a seguir. Após a leitura prévia do encontro, o dirigente divide as leituras, distribui os leitores e as funções e também conduz o encontro com calma e segurança.

Para encontrar as canções sugeridas, acesse o QRcode do encontro.

Primeira Semana do Advento – Vigilância

[Acender a primeira vela da coroa. As velas podem ser de cores variadas ou todas da mesma cor.]

Primeiro passo, a vigilância – No primeiro encontro, vamos refletir sobre a vinda do Senhor e como estamos nos preparando para encontrá-lo. A vela de cor roxa simboliza o arrependimento e a penitência. Procuramos reconhecer nossos pecados, pedir perdão a Deus e confiar em sua misericórdia e compaixão. Precisamos vigiar nossa própria vida: como está nossa prática da fé? Nossos pensamentos, palavras, sentimentos e ações condizem com os ensinamentos do Evangelho e da Igreja?

[Breve momento de silêncio e reflexão.]

***Oração** – Ó Deus Pai, esperamos o vosso perdão e a graça da vigilância, para que o pecado não nos conduza ao mau caminho. Queremos andar com fé e amor ao encontro do Senhor Jesus, que vem a nós agora e sempre. Amém.*

Escutar a Palavra

Canto de aclamação

[Canto à escolha. Sugestões na playlist musical indicada para esta celebração.]

Anúncio do nascimento de João Batista (Lc 1,11-17)

Apareceu a ele, então, um anjo do Senhor, de pé, à direita do altar do incenso. Ao vê-lo, Zacarias se sobressaltou e foi dominado pelo temor. O anjo, porém, lhe disse: "Não temas, Zacarias, porque tua prece foi atendida! Isabel, tua mulher, te dará um filho, e tu lhe porás o nome de João. Para ti será uma grandíssima alegria, e muitos exultarão pelo nascimento dele, pois ele será grande na presença do Senhor. Ele nunca beberá vinho nem bebida fermentada e, ainda no ventre de sua mãe, ficará pleno do Espírito Santo. Ele fará muitos dos filhos de Israel voltarem para o Senhor, o Deus deles, e irá diante do Senhor, com o espírito e o poder de Elias, para reconduzir os corações dos pais aos filhos, e os rebeldes à sensatez dos justos, para preparar um povo bem-disposto para o Senhor".

Meditar

Zacarias e Isabel já tinham perdido a esperança de gerar um filho, quando receberam de Deus a imensa alegria do anúncio do nascimento de João.

Que alegrias uma criança traz para um lar, para uma família? Que recordações temos do dia em que nasceram nossos filhos e filhas, netos e netas?

Contemplar

Hino de Zacarias (Lc 1,68-79)

[Recitar em dois coros.]

Bendito seja o Senhor, Deus de Israel,
porque visitou e realizou a libertação de seu povo,
suscitando-nos, na casa de seu servo Davi,
uma força da salvação.

Tal como o anunciara antigamente,
por intermédio de seus santos profetas,
salvação de nossos inimigos
e da mão de todos os que nos odeiam.

Isso fez para mostrar misericórdia a nossos pais
e lembrar a santa aliança dele,
o juramento que fez
nosso pai Abraão,
de conceder-nos que,
resgatados das mãos de nossos inimigos,
lhe sirvamos com temor,
com santidade e justiça
em sua presença todos os dias.

E tu, Menino,
serás chamado profeta do Altíssimo,
pois caminharás diante do Senhor,
para preparar seus caminhos,

dando a seu povo o conhecimento da salvação
pelo perdão de seus pecados.

Graças à entranhável misericórdia de nosso Deus,
nos visitará a aurora que vem do alto,
para iluminar os que vivem nas trevas
e na sombra da morte.
Para guiar nossos passos
no caminho da paz.

Rezar

Elevemos nossos pedidos e sonhos a Deus, nosso Pai, a Maria, nossa Mãe, e a Jesus, nosso irmão maior, e peçamos:

Todos: Que caminhemos com santidade e justiça em vossa presença todos os dias.

1. Para que possamos, como Zacarias, superar o temor e escutar a voz de Deus que fala por meio de pessoas e de fatos, peçamos:

2. Para que as mulheres possam experimentar, como Isabel, a grandíssima alegria de serem mães, peçamos:

3. Para que as crianças, adolescentes e jovens, como João Batista, tornem-se grandes na presença do Senhor e sejam plenos do Espírito Santo, peçamos:

4. Para que o Espírito Santo conduza os corações dos pais aos filhos, os rebeldes à sensatez dos justos e prepare um povo bem-disposto para o Senhor, peçamos:

5. Para que, neste Advento, possamos vigiar nossos pensamentos, palavras e atos, fugir do pecado e voltar nossos corações para a misericórdia de Deus, peçamos:

[Outras preces.]

Bênção

Que a vela do arrependimento, de cor roxa, hoje acesa na coroa do Advento, nos traga bênção de vigilância e de penitência por nossas faltas e pecados. Amém.

Abençoe-nos, Deus Pai. Amém.

Abençoe-nos, Maria Mãe. Amém.

Abençoe-nos o Senhor Jesus, nosso irmão primogênito. Amém.

Vem, Senhor Jesus. Vem, Senhor Jesus.

Segunda Semana do Advento – Conversão

[Acender a segunda vela da coroa.]

Segundo passo, a conversão – O segundo passo rumo ao Senhor é de conversão e mudança de vida. A antífona da missa do segundo domingo contempla o Senhor, que vem salvar as nações, e diz que, na alegria do coração, soará majestosa a sua voz.

[Breve momento de silêncio e reflexão.]

Oração – *Ó Deus Pai, esperamos a graça da conversão para que possamos caminhar, na santidade e na pureza de coração, de mente e de obras, ao encontro do Senhor Jesus que vem a nós agora e sempre. Amém.*

Escutar a Palavra

Canto de aclamação

[Canto à escolha. Sugestões na playlist musical indicada para esta celebração.]

Anúncio do nascimento de Jesus (Lc 1,26-38)

No sexto mês, o anjo Gabriel foi enviado por Deus para uma cidade da Galileia, chamada Nazaré, a uma virgem prometida em casamento a um homem chamado José, da casa de Davi; o nome da virgem era Maria. Entrando onde ela estava, disse-lhe:

"Alegra-te, cheia de graça, o Senhor está contigo!". Ela ficou desconcertada com essa palavra e perguntava-se que tipo de saudação era aquela. O anjo lhe disse: "Não temas, Maria, pois encontraste graça diante de Deus! Conceberás em teu seio; darás à luz um filho e o chamarás Jesus. Ele será grande e será chamado Filho do Altíssimo. O Senhor Deus lhe dará o trono de seu pai Davi; reinará para sempre sobre a casa de Jacó, e seu reinado não terá fim". Maria perguntou ao anjo: "Como acontecerá isso, pois não conheço homem?". O anjo respondeu-lhe: "O Espírito Santo descerá sobre ti, o poder do Altíssimo te cobrirá; por isso, aquele que nascer será santo; será chamado Filho de Deus. Também tua parenta Isabel concebeu um filho na velhice, e está no sexto mês aquela que chamavam de estéril. Porque nada será impossível com Deus". Maria respondeu: "Eis aqui a serva do Senhor! Faça-se em mim segundo tua palavra". E o anjo afastou-se dela.

Meditar

A pequena Maria, quase uma adolescente, escutou a saudação, procurou compreender o anúncio, e aceitou o convite para a missão mais grandiosa confiada por Deus a um ser humano: tornar-se a mãe do Salvador. Maria teve uma experiência de amor e fé que poucas pessoas conseguiriam compreender, mesmo se ela tentasse contar.

Quando os adolescentes e jovens compartilham suas dúvidas e vivências conosco, eles são respeitados, escutados e compreendidos?

O que queremos que Deus transmita aos adolescentes e jovens? O que podemos dizer a eles em nome de Deus?

Contemplar

Ângelus

O anjo do Senhor anunciou a Maria!
E ela concebeu do Espírito Santo!
Ave, Maria, cheia de graça...
Eis aqui a serva do Senhor!
Faça-se em mim segundo a vossa palavra!
Ave, Maria, cheia de graça...
E o Verbo Divino se fez carne!
E habitou entre nós!
Ave, Maria, cheia de graça...
Rogai por nós, Santa Mãe de Deus!
Para que sejamos dignos das promessas de Cristo!

Oremos – *Infundi, Senhor, em nossos corações a vossa graça, a fim de que, tendo conhecido, pela anunciação do anjo, a encarnação de Jesus Cristo, vosso Filho, cheguemos, pela sua paixão e morte, à glória da ressurreição, pelo mesmo Cristo, Nosso Senhor. Amém.*

Glória ao Pai, ao Filho e ao Espírito Santo.

Como era no princípio, agora e sempre. Amém.

Rezar

Elevemos nosso coração confiante a Deus, nosso Pai, a Maria, nossa Mãe, e a Jesus, nosso irmão maior, e digamos:

Todos: Nada é impossível para Deus.

1. Para que os adolescentes e jovens de nossas famílias e de todo o mundo vençam o temor e a insegurança e confiem na graça de Deus, digamos:

2. Para que as pessoas adultas compreendam, apoiem e deem bom exemplo de vida aos adolescentes e jovens, digamos:

3. Para que a sociedade, antes de julgar e marginalizar, dê oportunidade de vida digna e de realização aos adolescentes e jovens, digamos:

4. Para que as pessoas que estão ainda começando a vida possam, como Maria, dizer a Deus: "Faça-se em mim, segundo a tua Palavra", digamos:

[Outras preces.]

Bênção

Que a segunda vela, acesa hoje na coroa do Advento, nos traga bênção de conversão e pureza de coração e de mente. Amém.

Abençoe-nos, Deus Pai. Amém.

Abençoe-nos, Maria Mãe. Amém.

Abençoe-nos o Senhor Jesus, nosso irmão primogênito. Amém.

Vem, Senhor Jesus. Vem, Senhor Jesus.

Terceira Semana do Advento – Alegria

[Acender a terceira vela da coroa.]

Terceiro passo, a alegria – Nossa alegria vem da esperança de que o Senhor, o Sol nascente, já vem, e que o temor da escuridão nunca mais nos dominará.

[Breve momento de silêncio e reflexão.]

Oração – *Ó Deus Pai, esperamos a graça de vencer as trevas e os medos e, na alegria crescente de vossa luz, de caminhar ao encontro do Senhor Jesus que vem a nós agora e sempre. Amém.*

Escutar a Palavra

Canto de aclamação

[Canto à escolha. Sugestões na playlist musical indicada para esta celebração.]

Maria encontra-se com Isabel (Lc 1,39-45)

Naqueles dias, tendo-se levantado, Maria partiu sem demora para uma cidade na região montanhosa de Judá. Entrou na casa de Zacarias e saudou Isabel. Quando Isabel ouviu a saudação de Maria, o bebê pulou em seu ventre. Isabel ficou plena do Espírito Santo e exclamou com voz forte: "Bendita és tu entre as mulheres, e bendito é o fruto de teu ventre! Por que me acontece isto, que a mãe do meu Senhor venha a mim? Assim que o som de tua saudação chegou a meus ouvidos, o bebê pulou de alegria em meu ventre. Bem-aventurada aquela que acreditou que se cumprirá o que lhe foi dito da parte do Senhor".

Meditar

Isabel, uma mulher experiente e madura, extasiada pela feliz emoção de sua primeira gravidez e repleta da inspiração do Espírito Santo, bendiz a jovem Maria, Mãe do Salvador, e a louva por sua fé na ação de Deus. Um encontro verdadeiro faz com que seja possível ver Deus presente nas pessoas.

Quando visitamos parentes e amigos, como podemos despertar a alegria e a graça de Deus?

Lembramos de algum fato em que um elogio ou apoio recebido trouxeram-nos ânimo e alegria?

Contemplar

Hino de Maria – *Magnificat* (Lc 1,46-55)

[Em dois coros.]

Então, Maria disse:
"Proclama minha alma a grandeza do Senhor.
Alegra-se meu espírito em Deus, meu salvador,
que olhou para a humildade de sua serva.

A partir de agora, todas as gerações
me chamarão bem-aventurada,
porque o Poderoso fez coisas grandiosas em mim.
Santo é seu nome e sua misericórdia,
de geração em geração,
é para aqueles que o temem.

Ele realizou proezas com seu braço;
dispersou os planos dos soberbos,
derrubou do trono os poderosos
e elevou os humildes,
cumulou de bens os famintos
e despediu vazios os ricos.

Auxiliou Israel, seu servo,
tendo lembrado da misericórdia,
como prometera a nossos pais,
em favor de Abraão
e de sua descendência para sempre".

Rezar

Elevemos louvor a Deus, nosso Pai, a Maria, nossa Mãe, e a Jesus, nosso irmão, e proclamemos depois de cada prece:

Todos: Alegra-se meu espírito em Deus, meu salvador.

1. Porque Deus olha para a humildade de nossas famílias e de nossas casas, proclamemos:

2. Porque o Poderoso faz coisas grandiosas na Igreja, no mundo e em nós, proclamemos:

3. Porque o Senhor tem misericórdia de nós, de geração em geração, proclamemos:

4. Porque o Senhor dispersa os soberbos, derruba os poderosos e eleva os humildes, proclamemos:

5. Porque o Senhor cumula de bens os famintos e despede de mãos vazias os ricos, proclamemos:

6. Porque o Senhor auxilia cada um de nós e também nossa descendência, para sempre, proclamemos:

[Outros louvores.]

Bênção

Que a terceira vela, hoje acesa na coroa do Advento, nos traga a bênção da alegria e do encontro com o Senhor que vem, assim como com todas as pessoas que precisam de nós. Amém.

Abençoe-nos, Deus Pai. Amém.

Abençoe-nos, Maria Mãe. Amém.

Abençoe-nos o Senhor Jesus, nosso irmão primogênito. Amém.

Vem, Senhor Jesus. Vem, Senhor Jesus.

Quarta Semana do Advento – Espera

[Acender a quarta vela da coroa.]

Quarto passo, a espera – A quarta vela nos lembra que o Filho de Deus, de natureza divina, ao nascer de Maria, assumiu também a natureza humana, unindo em si a terra e o céu.

[Breve momento de silêncio e reflexão.]

Oração – *Ó Deus Pai, esperamos a graça de reconhecer o Emanuel que vive entre nós, bem como de percebê-lo e servi-lo nas pessoas que mais precisam de acolhimento e ajuda, pois sabemos que ele vem agora e sempre. Amém.*

Escutar a Palavra

Canto de aclamação

[Canto à escolha. Sugestões na playlist musical indicada para esta celebração.]

O noivo de Maria a recebe por esposa (Mt 1,18-24)

A origem de Jesus, Cristo, foi assim: Maria, sua mãe, estando comprometida com José – mas antes de viverem juntos –, encontrou-se grávida por obra do Espírito Santo. José, esposo dela, sendo justo, mas não querendo difamá-la publicamente, decidiu repudiá-la em segredo. Mas, enquanto ele refletia sobre isso, um anjo do Senhor apareceu-lhe em sonho e disse:

"José, filho de Davi, não temas receber Maria, tua mulher, pois o que nela foi gerado é do Espírito Santo! Ela dará à luz um filho, e tu o chamarás pelo nome de Jesus, pois ele salvará seu povo dos pecados deles". Tudo isso aconteceu para que se cumprisse o que tinha sido dito pelo Senhor por meio do profeta: "A virgem conceberá e dará à luz um filho, e o chamarão pelo nome de Emanuel (que traduzido é Deus-conosco)". Quando José despertou do sono, fez como o anjo do Senhor lhe tinha ordenado. Ele recebeu sua mulher, e não a conheceu até que deu à luz um filho, a quem chamou pelo nome de Jesus.

Meditar

Maria e José, noivos conforme os costumes da Lei judaica, enfrentaram grande provação. Maria, sem nada poder explicar, confiou em Deus. José passou por imensa agonia, sem saber o que pensar e como agir. Mas Deus veio ao encontro deles e revelou a José o segredo de Maria, serenando, assim, os dois corações.

Dramas dolorosos são frequentes entre casais que se amam, mas que, por algum motivo, se desentendem. À semelhança de Maria e José, o que um casal pode fazer quando passa por crises e provações?

Temos recordação de alguma vez em que Deus se fez presente e agiu em um momento difícil da nossa vida conjugal ou familiar?

Contemplar

Prólogo da Carta aos Hebreus (Hb 1,1-8)

[Em dois coros.]

No passado, muitas vezes e de muitas formas,
Deus falou a nossos pais pelos profetas.
Nestes dias, que são os últimos,
falou-nos pelo Filho,
a quem constituiu herdeiro de tudo,
por intermédio de quem criou os séculos.

Ele é irradiação de sua glória
e representação de seu ser;
tudo sustenta com a palavra de seu poder.

Tendo realizado a purificação dos pecados,
sentou-se à direita da majestade nas alturas,
tornando-se tão superior aos anjos,
quanto o nome que herdou é superior ao deles.

A qual dos anjos disse alguma vez:
"Tu és meu filho, eu hoje te gerei"? Ou ainda:
"Eu serei para ele um pai e ele será para mim um filho"?
E ainda, quando introduz o primogênito
no mundo habitado, diz:
"Que se prostrem diante dele
todos os anjos de Deus!".

A respeito dos anjos, diz:
"Ele faz de seus anjos ventos
e de seus ministros chama de fogo".

Mas a respeito do Filho, diz:
"Teu trono, ó Deus,
é para o século dos séculos,
e o cetro da retidão
é o cetro de teu Reino".

Rezar

Com todos os anjos e santos do céu e da terra, confiemos nossa vida às mãos de Deus Pai e de Maria Mãe, pelo Filho, nosso irmão, que é Deus-conosco, o Emanuel, e rezemos:

Todos: Que se prostrem diante dele todos os anjos de Deus.

1. Para que, neste Natal, toda a terra seja renovada pela vida nova que o Senhor nos traz, rezemos:

2. Por toda a humanidade, para que encontre o caminho da paz, da justiça e da vida digna para todas as pessoas, rezemos:

3. Por todos os que creem em Cristo e por toda a Igreja, para que anunciem e testemunhem o Evangelho da salvação, rezemos:

4. Por nossas famílias, para que vivam a alegria do amor e comuniquem aos filhos a fé e o amor que Cristo nos revelou, rezemos:

5. Para que ninguém, neste Natal, seja esquecido ou fique sozinho, rezemos:

[Outras preces.]

Bênção

Que a quarta vela, acesa hoje na coroa do Advento, nos traga bênção de espera e de amor ao Emanuel, Deus-conosco. Amém.

Abençoe-nos, Deus Pai. Amém.

Abençoe-nos, Maria Mãe. Amém.

Abençoe-nos o Senhor Jesus, nosso irmão primogênito. Amém.

Vem, Senhor Jesus. Vem, Senhor Jesus.

Natal

VIVER O NATAL

Segundo a liturgia romana, o Natal é o início do mistério pascal que perpassa toda a vida terrena do Filho de Deus encarnado. A celebração contempla e exprime, pela riqueza simbólica das imagens e cânticos, o mistério da admirável fusão das duas naturezas na pessoa de Jesus Cristo, dom do Pai: o Menino que nasceu, o Filho que foi dado ao gênero humano. Com sua encarnação, o Salvador acolheu a todos na família de Deus e, assim, conforme explica Ancilli no *Dicionário de Espiritualidade*: "A criação inteira participa da salvação com a qual é agraciada a estirpe humana".

Em outubro de 2014, o Sínodo extraordinário dos bispos sobre a família, convocado por Francisco, dedicou-se a examinar os resultados de amplas escutas às igrejas locais e às famílias cristãs do mundo inteiro. A Exortação apostólica pós-sinodal *Amoris Laetitia*, 65, aconselha as famílias a se pautarem no mistério da casa de Nazaré e de toda a vida de Jesus, Verbo de Deus que nasceu e cresceu no lar de José e Maria:

> A encarnação do Verbo numa família humana, em Nazaré, comove com sua novidade, a história do mundo. Precisamos mergulhar no mistério do nascimento de Jesus, no sim de Maria ao anúncio do Anjo, quando foi concebida a Palavra em seu seio; e, ainda, no sim de José, que deu o nome a Jesus e cuidou de Maria; na festa dos pastores no presépio; na adoração dos magos; na fuga para o Egito, em que Jesus participou do sofrimento do seu povo exilado, perseguido e humilhado; na devota espera de Zacarias e Isabel e na alegria que acompanhou o nascimento de João Batista; na promessa que Simeão e Ana viram cumprida no Templo; na admiração dos doutores da Lei ao escutarem a sabedoria de Jesus

adolescente. E, em seguida, penetrar nos trinta longos anos em que Jesus ganhava o pão trabalhando com suas mãos, sussurrando a oração e a tradição crente do seu povo e formando-se na fé de seus pais, até fazê-la frutificar no mistério do Reino. Este é o mistério do Natal e o segredo de Nazaré, cheio do perfume de família!

A solenidade litúrgica do Natal do Senhor surgiu por volta do quarto século e passou a tomar o espaço do rito romano dedicado ao deus Sol, no dia 25 de dezembro. Antes disso, eram lembradas apenas as datas da morte dos mártires, ditas "nascimento para o céu", com referência à ressurreição do Senhor e à sua ascensão para junto do Pai. O nascimento de Jesus em Belém inspirou a nova prática litúrgica, a fim de enfatizar que Jesus, sendo Deus, assumiu a condição humana (cf. Fl 2,6-8). Com o desenvolvimento da liturgia, o solene tempo do Natal passou a abranger a festa da Sagrada Família, a solenidade da Santa Mãe de Deus, a Epifania do Senhor, isto é, sua chegada e manifestação ao mundo pela adoração dos magos que vêm ao encontro dele em Belém (Mt 2,1-12). A festa do Batismo do Senhor encerra o tempo do Natal e, assim, começa a atividade do Senhor no meio do povo, no chamado Tempo Comum.

Sugerimos que as celebrações do tempo do Natal sejam realizadas em família, ou mesmo entre um grupo de famílias amigas, ou numa comunidade pequena. Podem ser adaptadas de acordo com o número de participantes e o tempo disponível para a celebração. Os cânticos sugeridos podem ser substituídos por outros indicados nas playlists específicas de cada celebração. O dirigente pode ser o pai, a mãe ou outro membro da família. Os leitores podem ser escolhidos antes de começar a oração ou espontaneamente.

Essas celebrações se destinam às famílias e comunidades que desejam vivenciar o tempo do Natal que a Igreja vive e celebra. Há muitas pessoas que não podem participar das celebrações eucarísticas em suas comunidades e paróquias, além de outras que desejam estender as celebrações, realizando um momento de confraternização para vivenciar os mistérios em torno do nascimento de Jesus.

CELEBRAR O NATAL

O Papa Libório, em meados do quarto século, construiu em Roma uma igreja mariana dedicada a Santa Maria do presépio. Essa igreja foi ampliada pelo Papa Sisto III no século quinto, além de passar por outras ampliações tardias, até chegar a ser a maior igreja mariana da cidade e receber o título de Santa Maria Maior, hoje uma das quatro basílicas papais de Roma. Pode-se ver nela as cenas da vida de Maria e do nascimento de Jesus, representadas nos antiquíssimos mosaicos dos primeiros séculos.

Conforme consta no *Dicionário de Espiritualidade*, foi o Papa Sisto III que inaugurou a prática da missa natalina da meia-noite, e a celebrou pela primeira vez na igreja de Santa Maria do Presépio, em Roma. O ano preciso desse evento é desconhecido, mas sabe-se que naquele período, no Oriente e no Ocidente, os pregadores, em suas homilias de Natal, davam ênfase aos pastores, presentes no nascimento de Jesus; o intuito do Papa pode ter sido justamente reviver a vigília dos pastores na Noite Santa, nos arredores de Belém. Conforme o Evangelho, esses trabalhadores simples e desprezados tiveram o privilégio de receber do anjo celeste a grande notícia: "Não temais! Eu vos anuncio uma boa-nova que causará grande alegria a todo o povo: hoje, na cidade de Davi, foi dado à luz para vós um salvador, que é Cristo Senhor" (Lc 2,10-11). Em pouco tempo, espalhou-se por todo o Ocidente a prática da "missa do galo" na noite de Natal: iniciada à meia-noite, acabava alta madrugada, quando as pessoas voltavam para casa ao som de cantos dos galos, antecipando a aurora.

Na Idade Média, no Ocidente, a solenidade do Natal do Senhor era ricamente adornada com belíssimos hinos e antífonas compostos e cantados pelos monges na *Liturgia das Horas* ou executados por corais em harmonia com os maravilhosos órgãos das catedrais na Europa. Ao mesmo tempo, o mistério da encarnação do Verbo de Deus e da maternidade divina de Maria, bem como o nascimento do Senhor em Belém, passou a integrar a liturgia e a catequese por meio dos vitrais e pinturas dos templos.

As pequenas igrejas das aldeias constituíram-se cenários de belas composições musicais que maravilhavam o povo pela simplicidade, beleza e contemplação do nascimento do Senhor. Um exemplo clássico é a perene canção "Noite feliz", atualmente traduzida para mais de trezentos idiomas e cantada por cerca de dois bilhões de pessoas. Esse reconhecimento levou a Unesco (Organização das Nações Unidas para a Educação, a Ciência e a Cultura), órgão da ONU para a educação e a cultura, a proclamá-la Patrimônio Cultural Imaterial da Humanidade, desde 2011. Essa canção remonta a 1818, quando Joseph Mohr, pároco da igreja de São Nicolau, na aldeia de Oberndorf bei Salzburg, na Áustria, escreveu singelas estrofes natalinas e as intitulou "Stille Nacht, Heilige Nacht" (noite santa, noite silenciosa). Depois, ele pediu ao organista Franz Gruber que as musicasse para a missa de Natal. O maestro dirigiu-se até o velho harmônio da igrejinha, mas o encontrou danificado por ratos. Isso, porém, não o impediu de ensaiar a melodia com a comunidade por meio das notas de uma flauta. A novidade encantou os fiéis, que imediatamente a assimilaram e cantaram com grande devoção e entusiasmo. A música rapidamente se divulgou na Europa, sendo trazida pelos imigrantes para as Américas.

CELEBRAÇÃO DO NATAL

Sua casa provavelmente já está ornamentada para a ocasião, mas vale a pena preparar um lugar especial na sala, ao redor do presépio ou da imagem da Sagrada Família. Coloque sobre a mesa a Bíblia e uma vela acesa. Esta celebração pode ser realizada antes do jantar do dia 24 ou durante o dia 25, em algum momento em que a família ou a comunidade achar mais oportuno. Se for feita na comunidade, previamente, os participantes serão convidados a trazerem algum tipo de alimento para partilhar no final da celebração.

Para encontrar as canções sugeridas, acesse o QRcode da celebração.

[O responsável da comunidade ou o dirigente da família acolhe a todos em nome do Senhor para a celebração.]

Dirigente: Em nome do Pai e do Filho e do Espírito Santo.

Todos: Amém.

Dirigente: Este é um dia (noite) muito especial para todos nós. Celebramos o nascimento de Jesus. É Natal, festa da alegria, do amor, da luz e da paz. Com os anjos que cantaram "glória a Deus nas alturas e paz na terra a todos os que são amados por Deus", a(s) nossa(s) família(s) se une(m) para louvar e bendizer a Deus, por nos ter enviado o Salvador, Jesus, o Messias e Senhor. Cantemos.

Ato penitencial

Em alguns momentos da nossa vida, nós não fomos luz, amor, perdão, solidariedade e misericórdia; não fizemos o Natal acontecer em nossa vida, na nossa família ou na comunidade. Peçamos perdão a Jesus por nossas fraquezas, pela falta de união e de respeito entre nós; pelas vezes que não fomos generosos em acolher a Sagrada Família em nossa vida e nos fechamos em nosso egoísmo, em nosso orgulho. Este é um momento de reconciliação com Deus e entre nós.

[Breve momento de silêncio para realizar um exame de consciência e pedir perdão a Deus.]

Deus nos convida a acolher o seu perdão, a pedir perdão pelos nossos erros e também a perdoar a quem nos ofendeu.

Dirigente: Senhor, Filho de Deus, que, nascendo da Virgem Maria, vos fizestes nosso irmão, tende piedade de nós.

Todos: Senhor, tende piedade de nós.

Dirigente: Cristo, Filho do homem, que conheceis e compreendeis nossa fraqueza, tende piedade de nós.

Todos: Cristo, tende piedade de nós.

Dirigente: Senhor, Filho primogênito do Pai, que fazeis de nós uma só família, tende piedade de nós.

Todos: Senhor, tende piedade de nós.

Dirigente: Deus de terna compaixão, tenha piedade de nós e dê-nos seu perdão e sua paz. Amém.

Oração[1]

[Pode ser rezado em dois coros ou alternado entre um leitor e os demais participantes.]

Do sol nascente ao poente, cantai, fiéis, neste dia,
ao Cristo Rei que, por nós, nasceu da Virgem Maria.

Autor feliz deste mundo, tomou um corpo mortal.
A nossa carne assumindo, livrou a carne do mal.

No seio puro da Virgem entrou a graça dos céus.
Em si carrega um segredo, sabido apenas por Deus.

O casto seio da Virgem se faz o Templo de Deus.
Gerou sem homem um Filho, o Autor da terra e dos céus.

Nasceu da Virgem o Filho que Gabriel anunciou,
em quem no seio materno João, o Batista, exultou.

Não recusou o presépio, foi sobre o feno deitado;
quem mesmo as aves sustenta com leite foi sustentado.

Do céu os coros se alegram, os anjos louvam a Deus.
Pastor se mostra aos pastores, quem fez a terra e os céus.

Louvor a vós, ó Jesus, que duma Virgem nascestes.
Louvor ao Pai e ao Espírito no azul dos paços celestes.

[Breve momento de silêncio – cada um pode rezar novamente o hino pessoalmente.]

---

[1]   Hino (*Liturgia das Horas*, p. 197 – oração da manhã).

Canto de aclamação

Aleluia, nasceu o Salvador

(Ir. Verônica Firmino, fsp)

Aleluia, aleluia, aleluia.

Nasceu para vós um salvador. Que é Cristo, o Senhor.
Envolto em faixas, um recém-nascido.
Numa manjedoura o encontrareis.

Evangelho: Lc 2,1-14 (noite)

Reflexão

Jesus nasceu na pobreza de uma gruta, em meio aos animais. Maria o envolveu em faixas e o colocou numa manjedoura, local onde os animais comiam, pois não havia outro espaço para eles. O Rei dos reis nasceu pobre. O Filho de Deus, criador do céu e da terra, não encontrou um lugar entre as pessoas para nascer. Mas, Maria e José lhe ofereceram o melhor dos abrigos, os seus corações.

Os pastores, os mais pobres entre os pobres daquele lugar, foram os primeiros a receber do Anjo do Senhor a grande notícia da salvação: a chegada do Messias, o Verbo feito carne, o Deus que se faz um de nós para vir morar em nosso meio. Ele veio para iluminar a nossa escuridão, para nos libertar de toda escravidão, de todo mal. Ele veio para nos mostrar o amor infinito do Pai.

Qual é, para nós, o sentido de celebrar o Natal? Que mensagem o nascimento de Jesus nos transmite nos dias de hoje, quando muitos de nós procuramos riquezas, prestígios, poder e dinheiro? Ele, o Rei dos reis, o Filho de Deus, nasceu pobre em meio aos pobres.

Ao celebrarmos o nascimento de Jesus, somos motivados a recordar o grande amor de Deus por nós, enviando seu Filho único ao mundo por amor. E é esse amor que somos chamados a viver e a testemunhar em nossa vida, por meio da nossa vivência de fé e também de gestos concretos de perdão, acolhida e solidariedade. O que podemos fazer para que o Natal de fato aconteça em nossa família, em nossa comunidade, em nosso bairro?

Jesus é a grande Luz que veio iluminar-nos e livrar-nos das trevas do medo, dos erros, da escravidão. E cada um de nós é chamado a ser uma pequena chama de luz, paz, amor e misericórdia na vida das pessoas que encontrarmos. Sejamos luz, como Jesus.

Preces

Dirigente: Vamos elevar a Deus os nossos pedidos e celebrar com alegria o nascimento do Filho de Deus, dizendo, com fé e amor:

Todos: Para vós, Jesus, temos um lugar especial em nosso coração.

1. Cristo, Verbo eterno, que, descendo à terra, a enchestes de exultação, alegrai o nosso coração com a graça da vossa visita.
2. Salvador do mundo, que pelo vosso Natal nos revelastes a fidelidade de Deus à sua aliança, fazei-nos cumprir com fidelidade as promessas do nosso Batismo.
3. Senhor Jesus, que tivestes o justo e fiel José como pai adotivo, fazei que os pais sigam o seu exemplo, sendo fiéis ao compromisso assumido no Matrimônio.

4. Deus Pai, criador do céu e da terra, que escolhestes Maria como Mãe do vosso amado Filho, protegei e fortalecei na fé e na esperança todas as mães, para que sigam o exemplo de Maria.

5. Senhor Jesus, que desde cedo aprendestes com Maria e José a viver no amor, na fé e na obediência, ajudai-nos a ser bons filhos, seguindo os vossos passos e praticando sempre o bem.

[Neste momento, o dirigente convida todos a rezarem juntos a oração à Sagrada Família, composta pelo Papa Francisco. Se a celebração for feita em uma comunidade, pode-se pedir que os membros de cada família se reúnam ou que as pessoas escrevam os nomes de seus familiares ausentes, idosos e doentes numa folha de papel, para ser colocado diante do presépio.]

Rezemos

Oração do Papa Francisco à Sagrada Família[1]

Jesus, Maria e José,
em vós contemplamos
o esplendor do verdadeiro amor,
confiantes, a vós nos consagramos.

Sagrada Família de Nazaré,
tornai também as nossas famílias
lugares de comunhão e cenáculos de oração,
autênticas escolas do Evangelho
e pequenas igrejas domésticas.

Sagrada Família de Nazaré,
que nunca mais haja nas famílias

---

[1] Extraído de Exortação apostólica pós-sinodal *Amoris Laetitia*, do Papa Francisco, 2016.

episódios de violência, de fechamento e de divisão;
e quem tiver sido ferido ou escandalizado
seja rapidamente consolado e curado.

Sagrada Família de Nazaré,
fazei que todos nos tornemos conscientes
do caráter sagrado e inviolável da família,
da sua beleza no projeto de Deus.

Jesus, Maria e José,
ouvi-nos e acolhei a nossa súplica.
Amém.

[O dirigente convida todos a rezarem a oração do Pai-Nosso, uma Ave-Maria e um Glória, lembrando de todas as famílias abandonadas e também das que sofrem por causa da violência, das guerras e da pobreza.]

Saudação da paz

Um dos grandes sinais do Natal é o dom da paz que os anjos anunciaram. Peçamos a graça de podermos viver essa paz em nossa família, com os nossos vizinhos e amigos, na comunidade, e que esta paz se estenda para todos os povos da terra. Saudemos uns aos outros em um gesto de amor, perdão, paz e alegria.

Que esse momento de oração e reflexão em família (em comunidade) se reflita nas nossas relações familiares e na comunidade; transforme-se em gestos concretos de amor, respeito e perdão no nosso dia a dia. Que os presentes, os gestos de carinho, as lindas mensagens que hoje trocamos entre nós, sejam lembrados ao longo deste novo ano com Jesus, para que possamos fazer o Natal acontecer todos os dias da nossa vida.

[Depois da saudação de paz, o dirigente convida para o momento da partilha.]

Dirigente: Partilhamos o pão da Palavra e da oração. Agora somos convidados a partilhar o alimento.

Agradecimento e bênção do alimento

Por este alimento que nos concedes.

Todos: Obrigado, Senhor.

Por quem plantou, cuidou e colheu.

Todos: Obrigado, Senhor.

Por quem trabalhou para comprá-lo.

Todos: Obrigado, Senhor.

Pelas mãos que o prepararam.

Todos: Obrigado, Senhor.

Pela nossa união e confraternização.

Todos: Obrigado, Senhor.

Abençoa-nos, Senhor,

Todos: A nós e a este alimento.

Que nos sirvamos dele

Todos: Sempre para o bem.

Ensina-nos hoje e sempre...

Todos: A dividir o pão com quem não tem.

Abençoa, Senhor, as nossas famílias.

Todos: E as famílias do mundo inteiro. Amém.

Em nome do Pai e do Filho e do Espírito Santo. Amém.

[Colocar uma música temática do Natal ou que fale de família. Ver a playlist indicada para esta celebração.]

Natal em família

(Ir. Verônica Firmino, fsp)

Natal é você, quando se faz comunhão
Natal também sou, quando sigo a voz do amor
Natal somos nós, num gesto de perdão
Natal é a família que abre o coração.

Natal em família
Natal de alegria
Com o Menino Jesus
Na paz, no amor, na harmonia.

Natal em família
Natal todo dia
Com Jesus somos mais
Fraternos e amigos da paz!

Natal em família
De luz e poesia
Anjos cantam no céu!
Unindo o mundo em família.
FELIZ NATAL! FELIZ NATAL!

Noite feliz

(Franz Gruber, D.R.)

Noite feliz, noite feliz.
Ó Senhor, Deus de amor,
pobrezinho nasceu em Belém.

Eis na lapa Jesus, nosso bem.
Dorme em paz, ó Jesus,
dorme em paz, ó Jesus.

Noite feliz, noite feliz.
Eis que no ar vêm cantar
os pastores, os anjos dos céus,
anunciando a chegada de Deus,
de Jesus Salvador,
de Jesus Salvador.

Noite feliz, noite feliz.
Ó Jesus, Deus da luz,
quão afável é teu coração,
que quiseste nascer nosso irmão,
e a nós todos salvar,
e a nós todos salvar.

Sagrada Família de Nazaré

(Ir. Verônica Firmino, fsp)

Foi na simplicidade que nasceu Jesus
Foi a fé de Maria que o trouxe à luz
José, homem piedoso
Também foi um homem de fé
Do sim de José e Maria
Nasceu a Sagrada Família.

Eu quero ver na minha família
O perdão, a união e a fé
Eu quero ter na minha família
O amor de Jesus, Maria e José.

A gruta é tão pobre e fria
Mas Jesus dos pais tem o calor
Que o acolhem com carinho
E o protegem com amor
A Santa Família ensina
O que mais importa é o amor
Que supera as dificuldades
Fortalece a fé e a unidade.

Oração pela família

(Pe. Zezinho, scj)

Que nenhuma família comece em qualquer de repente
Que nenhuma família termine por falta de amor.
Que o casal seja um para o outro de corpo e de mente
E que nada no mundo separe um casal sonhador.
Que nenhuma família se abrigue debaixo da ponte
Que ninguém interfira no lar e na vida dos dois.
Que ninguém os obrigue a viver sem nenhum horizonte
Que eles vivam do ontem, no hoje, em função de um depois.

Que a família comece e termine sabendo onde vai
E que o homem carregue nos ombros a graça de um pai.
Que a mulher seja um céu de ternura, aconchego e calor
E que os filhos conheçam a força que brota do amor.

Abençoa, Senhor, as famílias, amém
Abençoa, Senhor, a minha também
Abençoa, Senhor, as famílias, amém
Abençoa, Senhor, a minha também.

CELEBRAÇÃO DE AÇÃO DE GRAÇAS PELA CONCLUSÃO DO ANO

(para o último dia do ano)

Motivação

À medida que nos preparamos para receber um novo ano, queremos agradecer a Deus por todas as graças, bênçãos e manifestações de amor e misericórdia recebidas neste ano que termina. São muitos os motivos para agradecer: a vida, a saúde, a família, as amizades, as conquistas, os desafios superados, e até mesmo as dores e frustrações que nos impulsionaram a crescer. Ao longo desses 365 dias, vivenciamos inúmeras experiências e pudemos perceber que nunca estivemos sozinhos; o Senhor sempre caminhou ao nosso lado.

Ainda vivenciando o tempo do Natal, elevamos nossas vozes para render glórias a Deus nos altos céus e paz na terra a todos os que ele ama, pelo amor manifestado na pessoa do seu Filho Jesus Cristo, nosso irmão. Jesus veio nos mostrar o quanto Deus é bom e nos ama sempre.

Esta celebração, seja em família, seja entre um grupo de famílias amigas ou na comunidade, pode ser adaptada de acordo com o número de participantes e o tempo disponível.

Os cânticos sugeridos podem ser substituídos por outros indicados na playlist. Os participantes são convidados previamente a trazerem algum tipo de alimento para partilhar ao final da celebração.

Orientações

O papel de dirigente pode ser assumido pelo pai, pela mãe ou pelos donos da casa. Os leitores podem ser escolhidos antes de começar a oração ou espontaneamente.

O dirigente deve dar as boas-vindas, no caso de a família ter convidados que não morem na casa. Caso o encontro seja realizado em um espaço comunitário, o responsável da comunidade cumprirá essa função.

Dirigente: Em nome do Pai, e do Filho e do Espírito Santo.

Todos: Amém.

É motivo de alegria podermos nos reunir nesta noite (tarde), em família (em comunidade), para agradecer a Deus por este ano que está terminando, por todas as graças, bênçãos, luzes e proteção que dele recebemos. Unidos à Sagrada Família, cantamos as maravilhas de Deus, como Maria entoou no *Magnificat*: "Proclama minha alma a grandeza do Senhor, alegre-se meu espírito em Deus, meu Salvador... o Poderoso fez coisas grandiosas para mim. Santo é o seu nome". Cantemos juntos:

Por tudo dai graças

(Frei Luiz Turra)

Por tudo dai graças, por tudo dai graças.
Dai graças por tudo, dai graças.

Recordação da vida

[O dirigente convida os participantes a expressarem os motivos pelos quais querem agradecer a Deus e, depois, convida a todos a rezarem o Salmo 92, que pode ser rezado em dois coros ou espontaneamente por versículos.]

Oração – Salmo 92(91)

É bom agradecer ao Senhor
e salmodiar teu nome, ó Altíssimo,
anunciar tua lealdade de manhã
e tua fidelidade durante as noites,
com instrumento de dez cordas e com a lira,
com o dedilhar do som da cítara.

Porque me alegraste, Senhor, com teu fazer,
jubilo com as obras de tuas mãos.
Senhor, como ficaram grandes tuas obras:
teus projetos ficaram muito profundos.
o homem estúpido não sabe,
e o insensato não entende isso.

Mesmo que os perversos floresçam como a relva,
e todos os malfeitores brotem,
é para eles serem suprimidos para sempre.

Mas tu, Senhor, eternamente serás excelso!
Porque eis os teus inimigos, Senhor,

porque eis que teus inimigos perecerão,
todos os malfeitores dispersarão.

Elevaste minha fronte como a de um búfalo:
com perfume refrescante me umedeceste.

Meu olho contempla os que me espreitavam:
meus ouvidos escutam os malvados,
os que se erguem contra mim.

O justo florescerá como a tamareira,
crescerá como o cedro no Líbano.
Os que são plantados na casa do Senhor
florescerão nos átrios do nosso Deus.

Continuarão prosperando com cabelo grisalho,
serão gordos e exuberantes.
Para anunciar que o Senhor é reto:
é meu rochedo e nele não há iniquidade.

Glória ao Pai, ao Filho e ao Espírito Santo.

[Breve momento de silêncio. Se for oportuno, fazer ressonância, pedindo que as pessoas repitam algum versículo do salmo.]

Canto de aclamação ao Evangelho

E a Palavra se fez carne

(Ir. Verônica Firmino, fsp)

Aleluia, aleluia, aleluia.

E a Palavra se fez carne
E armou sua tenda entre nós!
E nós vimos sua glória!
E nós vimos sua glória!

Evangelho: Jo 1,1-18

Reflexão

Neste último dia do ano, vamos refletir sobre essa narrativa do Evangelho de João, chamado também de prólogo do Quarto Evangelho. Esse texto irá nos ajudar a reconhecer que tudo o que temos e somos provém de Jesus Cristo. Ele estava com Deus desde o princípio de tudo, todas as coisas foram criadas por meio dele e "todos recebemos da sua plenitude graça por graça".

Se parássemos para pensar e tentássemos fazer uma lista de todas as graças recebidas neste ano, levaríamos horas para nos lembrar de tudo e certamente esqueceríamos de muitas coisas. Cada um de nós tem inúmeras experiências e diferentes testemunhos para compartilhar, pois Deus se manifesta de várias maneiras em nossa vida e para cada pessoa de modo individual. Ele, que conhece o coração e as necessidades de cada um, sabe exatamente do que precisamos para nos aproximarmos cada vez mais dele. Todas as graças recebidas ao longo do ano foram nos preparando para recebermos a "grande graça", que é o próprio Jesus Cristo, feito Palavra, feito carne, feito humano como nós, vindo para nos revelar o amor e a misericórdia do Pai.

Mesmo sem sermos merecedores, Deus nos dá a graça do perdão por meio de Jesus, e o seu perdão reanima-nos, encoraja-nos a recomeçar um novo ano com a força da sua graça, da sua luz, e plenos do seu amor e da sua misericórdia. Foi por meio da sua luz e do seu amor que chegamos até aqui, superando obstáculos, desafios, lutas, dores, decepções. Também experimentamos muitas alegrias, superações e conquistas... foram graças sobre graças que dele recebemos a cada dia, mas que muitas vezes não percebemos nem agradecemos. Por isso, este momento é o momento de elevarmos o nosso coração em profunda gratidão a Deus por todas as graças que dele recebemos ao logo deste ano que chega ao fim.

Por tudo dai graças

(Frei Luiz Turra)

Por tudo dai graças, por tudo dai graças.
Dai graças por tudo, dai graças.

Dirigente: Somos convidados, neste momento, a nos unir a toda a Igreja neste último dia do ano, para elevar a Deus o nosso hino de louvor e de gratidão por todas as obras realizadas em nosso favor.

Te Deum **(A vós, ó Deus, louvamos) —**
hino de louvor e ação de graças

A vós, ó Deus, louvamos,
a vós, Senhor, cantamos.
A vós, eterno Pai,
adora toda a terra.

A vós cantam os anjos,
os céus e seus poderes:
Sois Santo, Santo, Santo,
Senhor, Deus do Universo!

Proclamam céus e terra
a vossa imensa glória.
A vós celebra o coro
glorioso dos apóstolos.

Vos louvam os profetas,
a nobre multidão
e o luminoso exército
dos vossos santos mártires.

A vós, por toda a terra,
proclama a Santa Igreja,
ó Pai onipotente,
de imensa majestade.

E adora juntamente
o vosso Filho único,
Deus vivo e verdadeiro,
e o vosso Santo Espírito.

Ó Cristo, Rei da glória,
do Pai eterno Filho
nascestes duma Virgem
a fim de nos salvar.

Sofrendo vós a morte,
da morte triunfastes,
abrindo aos que têm fé
dos céus o Reino eterno.

Sentastes à direita
de Deus, do Pai na glória
nós cremos que de novo
vireis como juiz.

Portanto, vos pedimos,
salvai os vossos servos,
que vós, Senhor, remistes
com sangue precioso.

Fazei-nos ser contados,
Senhor, vos suplicamos,
em meio a vossos santos,
na vossa eterna glória.

Salvai o vosso povo.
Senhor, abençoai-o.
Regei-nos e guardai-nos
até a vida eterna.

Senhor, em cada dia
fiéis vos bendizemos.
Louvamos vosso nome
agora e pelos séculos.

Dignai-vos, neste dia,
guardar-nos do pecado.
Tende piedade de nós,
Senhor, tende piedade
de nós, que a vós clamamos.

Que desça sobre nós,
Senhor, a vossa graça,
porque em vós pusemos
a nossa confiança.

Fazei que eu, para sempre,
não seja envergonhado:

em vós, Senhor, confio.

Sois vós minha esperança!

Momento penitencial

Inúmeras foram as graças recebidas ao longo deste ano. Mas, muitas vezes, deixamo-nos levar pelo orgulho e egoísmo, não acolhendo todas as graças que Deus nos ofertou. Por isso, pedimos perdão a Deus por permanecermos na escuridão e por não acolhermos o seu Filho, que é a luz que a todos e a tudo ilumina. Pedimos também perdão pelas vezes que não fomos testemunhas de sua luz. Este é um momento de reconciliação com Deus e entre nós.

Deus nos convida a acolher o seu perdão, a sua misericórdia... Abramos o nosso coração para receber a graça do perdão e a sua luz que nos ajuda a ser melhores.

[Breve momento de silêncio para realizar um exame de consciência e pedir perdão a Deus.]

Dirigente: Senhor, Rei da paz, tende piedade de nós.

Todos: Senhor, tende piedade de nós.

Dirigente: Cristo, luz das trevas, tende piedade de nós.

Todos: Cristo, tende piedade de nós.

Dirigente: Senhor, imagem do homem novo, tende piedade de nós.

Todos: Senhor, tende piedade de nós.

Dirigente: Deus de plena luz, tenha piedade de nós e dê-nos seu perdão e sua paz. Amém.

Tua providência

(Ir. Verônica Firmino, fsp)

Meu passado confio à tua misericórdia
Meu presente ao teu amor
Meu futuro, Senhor, à tua providência.

Dirigente: Com plena confiança, entregamos, ao Senhor Deus da luz e da paz, o novo ano que se inicia, pedindo sua proteção para todos os membros da nossa família e da nossa comunidade.

[A oração do Salmo 91 pode ser feita espontaneamente, por versículos, ou em coros alternados.]

Oração – Salmo 91(90)

Quem se senta no esconderijo do Altíssimo
e pernoita na sombra do Todo-Poderoso.
Digo ao Senhor: "Meu abrigo e meu refúgio,
meu Deus, em quem confio".

Porque ele te liberta da rede do caçador,
da ponta dos infortúnios.
Com sua plumagem te cobre:
debaixo de suas asas te abrigas.
Sua verdade é couraça e muralha.

Não precisas temer o susto da noite,
nem a flecha que voa de dia,
nem a peste que anda na escuridão,
nem a epidemia que destrói ao meio-dia.

Caiam mil a teu lado, e dez mil à tua direita,
nada te acontecerá.
Apenas contemplarás com teus olhos
e verás a retribuição aos perversos.

"Porque tu, Senhor, és meu abrigo."
Colocaste o Altíssimo como tua habitação.
Nenhum mal te ocorrerá,
nenhum castigo se aproximará de tua tenda,
porque ordenará seus mensageiros a teu respeito,
a fim de te guardar em todos os teus caminhos.
Sobre as palmas das mãos te carregarão,
para que teu pé não bata na pedra.

Caminharás sobre leão e cobra,
pisotearás em leão jovem e monstro marinho.
"Porque se apegou a mim, faço-o escapar:
inacessível o tornarei, porque conhece meu nome.

Clamará por mim, e lhe responderei:
eu estarei com ele na aflição.
Livrá-lo-ei e o honrarei.
Com longos dias o saciarei e o farei ver minha salvação."

Preces

[O dirigente motiva os participantes a fazerem um breve momento de silêncio, para que cada um eleve a Deus a sua oração pessoal para este novo ano.]

[Momento de silêncio. As orações a seguir podem ser rezadas espontaneamente. Depois, pode-se convidar os presentes a fazerem preces espontâneas.]

Por nossas famílias, para que encontremos o verdadeiro sentido do perdão, da paz e da união, rezemos:

Todos: Senhor Deus da luz e da paz, ouvi-nos.

1. Para que todos os povos encontrem a paz e a luz de Jesus e para que cessem as guerras no mundo todo, rezemos:

2. Por cada um de nós, para que estejamos abertos e sensíveis às graças que Deus nos oferece todos os dias, rezemos:

3. Para que sejamos sempre testemunhas da paz, da concórdia e da luz de Jesus em nossa família e em todos os lugares que frequentarmos, rezemos:

4. Para que prevaleçam, sobre toda escuridão, o amor, a luz e a paz que Jesus veio nos revelar, rezemos:

5. Para que, ao acolhermos as graças de Deus e deixarmos que a sua Palavra habite em nós, sejamos verdadeiramente solidários com as pessoas que sofrem, rezemos:

Dirigente: Rezemos juntos a oração do Pai-Nosso, três Ave-Marias e um Glória, pelas intenções do Santo Papa e da Igreja.

Saudação da paz

Dirigente: Jesus nos oferece sua paz e sua luz. Sejamos multiplicadores de suas graças em nossas famílias, no trabalho, na escola, na comunidade e em todos os lugares onde estivermos. Desejando a paz uns aos outros, comprometemo-nos a ser, neste novo ano que se inicia, construtores e multiplicadores da paz, da luz, do amor e da solidariedade.

[Momento da partilha do alimento (ao redor da mesa). Caso a celebração não inclua este momento de partilha do alimento, omite-se esta oração e segue-se para a bênção final.]

Dirigente: Partilhamos o pão da Palavra e da oração. Agora somos convidados a partilhar o alimento.

Agradecimento e bênção do alimento

Por este alimento que nos concedes.

Todos: Obrigado, Senhor.

Por quem plantou, cuidou e colheu.

Todos: Obrigado, Senhor.

Por quem trabalhou para comprá-lo.

Todos: Obrigado, Senhor.

Pelas mãos que o prepararam.

Todos: Obrigado, Senhor.

Pela nossa união e confraternização.

Todos: Obrigado, Senhor.

Abençoa-nos, Senhor,

Todos: A nós e a este alimento.

Que nos sirvamos dele

Todos: Sempre para o bem.

Ensina-nos hoje e sempre...

Todos: A dividir o pão com quem não tem.

Abençoa, Senhor, as nossas famílias.

Todos: E as famílias do mundo inteiro. Amém.

Em nome do Pai e do Filho e do Espírito Santo. Amém.

Bênção final

[A bênção pode ser feita pelo dirigente, pelos pais ou por uma pessoa mais idosa.]

Dirigente: O Senhor te abençoe e te guarde.

Todos: Amém.

Dirigente: Que o Senhor faça brilhar sua face e tenha piedade de ti.

Todos: Amém.

Dirigente: Que o Senhor levante sua face para ti e te conceda a paz.

Todos: Amém.

O Senhor nos abençoe, livre-nos de todo mal e nos conduza à vida eterna: Amém.

O Senhor te abençoe (Nm 6,24-26)

(Ir. Verônica Firmino, fsp)

O Senhor te abençoe e te guarde
O Senhor te abençoe e te guarde
Que ele faça brilhar sobre ti a sua face
E tenha piedade de ti, e tenha piedade de ti.

O Senhor te abençoe e te guarde
O Senhor te abençoe e te guarde
Que ele faça brilhar sobre ti a sua face
E volte pra ti o seu rosto, e volte pra ti o seu rosto.

O Senhor te abençoe e te guarde
O Senhor te abençoe e te guarde

Que ele faça brilhar sobre ti a sua face
E te conceda a paz, e te conceda a paz.

O Senhor te abençoe e te guarde
O Senhor te abençoe e te guarde.

[Enquanto as pessoas se despedem, pode-se tocar a playlist indicada para a celebração.]

CELEBRAÇÃO DA SAGRADA FAMÍLIA: JESUS, MARIA E JOSÉ

Hoje, celebramos a festa da Sagrada Família, Jesus, Maria e José. É a celebração da casa, do amor e da partilha. Em Jesus, Maria e José, encontramos não apenas um modelo ideal de família, mas uma família que, como a nossa, enfrenta desafios e dificuldades, mas, também, celebra a alegria em seu cotidiano.

A Sagrada Família de Nazaré testemunha que ser família é buscar constantemente harmonia e equilíbrio. Assim, nossa família é também chamada a ser um santuário onde o amor de Deus se manifesta em cada palavra e em cada gesto de cuidado e proteção.

[Enquanto se acende a vela, junto à imagem da Sagrada Família, pode-se cantar diversas vezes o refrão orante.]

Luz do Senhor

(Frei Luiz Turra)

Ó luz do Senhor,
Que vem sobre a terra,
Inunda meu ser,
Permanece em nós.

Oração do dia

Ó Deus, que nos destes os luminosos exemplos da Sagrada Família,
concedei que, imitando-a em suas virtudes familiares
e em seu espírito de caridade,
possamos gozar um dia dos prêmios eternos
nas alegrias da vossa casa.
Por Nosso Senhor Jesus Cristo, vosso Filho, que é Deus,
e convosco vive e reina, na unidade do Espírito Santo,
por todos os séculos dos séculos.

Recordação da vida

É expressiva a imagem da luz hoje aqui representada pela vela junto à Sagrada Família. Ao contemplarmos a vela, podemos observar a chama reluzente e constante e a cera que lentamente se vai consumindo. Podemos refletir que uma vela acesa pode acender infinitas outras chamas, mas uma vela apagada não é capaz nem de iluminar a si própria. Assim é a nossa família, chamada a ser luz e a despertar a fé e a esperança na vida de cada membro, mas também para outras famílias que vivem momentos difíceis.

De que forma nossa família está sendo um sinal de luz e esperança para outras famílias?

Quais características da Sagrada Família de Nazaré devemos fazer refletir em nossa casa?

Canto de aclamação

Aleluia, aleluia, aleluia.
Que a paz de Cristo reine em vossos corações
E ricamente habite em vós sua Palavra!

Evangelho: Lc 2,41-52 (Ano C); Lc 2,22-40 (Ano B); Mt 2,13-15.19-23 (Ano A)

Reflexão

Celebrar a festa da Sagrada Família é sempre uma oportunidade para refletir sobre o mistério da encarnação do Filho de Deus. Nesse momento, nosso olhar se dirige particularmente a Jesus, que está entre os mestres no Templo, não como discípulo, mas como alguém que ensina. Sua inteligência e suas respostas fazem os ouvintes ficarem maravilhados.

Desde a infância, o Mestre Jesus encanta seus ouvintes, algo que vemos repetir-se ao longo de sua missão, como nos relatam os Evangelhos: "Extasiavam-se com o ensinamento dele, pois ele estava ensinando-os como quem tem autoridade e não como os escribas" (Mc 1,22).

Assim, com esse olhar encantado para Jesus, podemos voltar nossa atenção também para Maria e José. Os Evangelhos os apresentam como pessoas silenciosas e obedientes à vontade de Deus, mesmo diante de situações que, ao olhar humano, parecem absurdas e incompreensíveis.

A partir da resposta de Jesus, Maria e José certamente compreenderam o lugar e a missão de seu Filho no mundo: ocupar-se dos assuntos de seu Pai (cf. Lc 2,49). Assim como Jesus, cada pessoa tem uma missão particular: testemunhar o amor de Deus a partir de suas características pessoais, sendo luz e sinal de esperança para os outros.

Preces

[Enquanto a vela passa de mão em mão, cada um pode pedir ao Senhor que ilumine uma pessoa ou uma situação específica da família. Pode-se lembrar dos doentes, dos que estão viajando e, principalmente, daqueles membros da família que mais precisam de oração. E, após cada pedido, pode-se dizer juntos: "Iluminai, Senhor, a nossa família". Ao concluir:]

Dirigente: Recebe, ó Pai, as nossas preces, em nome de Jesus, Nosso Senhor. Amém.

Oração do Papa Francisco à Sagrada Família[1]

Jesus, Maria e José,
em vós contemplamos
o esplendor do verdadeiro amor,
confiantes, a vós nos consagramos.

Sagrada Família de Nazaré,
tornai também as nossas famílias
lugares de comunhão e cenáculos de oração,
autênticas escolas do Evangelho
e pequenas igrejas domésticas.

---

[1]	Extraído de Exortação apostólica pós-sinodal *Amoris Laetitia*, do Papa Francisco, 2016.

Sagrada Família de Nazaré,
que nunca mais haja nas famílias
episódios de violência, de fechamento e de divisão;
e quem tiver sido ferido ou escandalizado
seja rapidamente consolado e curado.

Sagrada Família de Nazaré,
fazei que todos nos tornemos conscientes
do caráter sagrado e inviolável da família,
da sua beleza no projeto de Deus.

Jesus, Maria e José,
ouvi-nos e acolhei a nossa súplica.
Amém.

Papa Francisco

Todos: Pai nosso...

Dirigente: O Senhor nos abençoe, nos livre de todo mal e nos conduza à vida eterna. Amém.

Canto final

Eu acredito na família

(Ir. Verônica Firmino, fsp)

Do coração de Deus ela nasceu
No amor de um casal ela cresceu
Embarcou em tão bela e longa viagem
Amor, respeito e perdão na sua bagagem.

Pais e mães que se amam e geram vida
Que não são perfeitos, mas sanam feridas

Confiam na força da união e no perdão
Família, o amor é a nossa missão.

Eu acredito na minha família
Acredito na força do amor
Eu creio que o perdão gera vida
E famílias restauradas no Senhor.

Pais e filhos e irmãos que na fé constroem
Sob a rocha do amor um lar guardião
De perdão e de paz, de luz, gratidão
De fraternidade e verdade e de comunhão.

Unidos na luta, na dor, na vitória
Vivem na paz, na harmonia e concórdia
Acolhem e erguem a quem errou
Cuidam e restauram, fortalecem o amor.

É missão da família cuidar bem da vida
Das crianças, dos jovens e idosos também
Educar com ternura, no amor e com firmeza
Ensinar os valores da paz, da justiça e do bem.

Cultivar em família a fé, a oração
E espalhar para o mundo a sua missão
Ser solidários e estender as mãos
Doar-se ao outro de corpo, de alma e de coração.

CELEBRAÇÃO DE
SANTA MARIA, MÃE DE DEUS

Começar bem, com alegria, entusiasmo, esperança e fé, é o segredo para que perseveremos em nossos objetivos. Isso vale tanto para o início de um ano novo quanto para cada dia da nossa vida. É importante ter a certeza de que virão muitos desafios, colocando à prova o nosso propósito.

O ano civil inicia-se com a Solenidade de Maria Santíssima, Mãe de Deus, e com o Dia Mundial da Paz. Esta é uma oportunidade para olharmos para Maria e nela encontrarmos o melhor exemplo para viver nossa vida cristã. Pois Maria, em sua vida, soube colocar a Palavra do Senhor em prática, ao mostrar-se disponível para fazer a vontade de Deus, ao sair ao encontro de Isabel, ao estar em pé, junto à cruz, e acolher seu Filho morto nos braços e, posteriormente, celebrar, com a comunidade, a ressurreição de seu Filho e a vinda do Espírito Santo.

Canto de abertura

Mãe de Deus

(José Acácio Santana)

Maria, pura e santa aos olhos do Senhor
Por Deus foste escolhida
Pra seres Mãe da vida, Mãe do Salvador.

Ao sermos chamados como tu
Seguimos a luz dos passos teus
E estamos aqui dizendo sim ao nosso Deus.

Tu foste peregrina da nossa redenção
Por onde tu andavas
A luz de Deus levavas no teu coração.

A nossa vida humana a Deus conduzirás
Tu és a esperança
A mão que nos alcança todo o bem da paz.

Dirigente: Em nome do Pai e do Filho e do Espírito Santo.

Todos: Amém.

Recordação da vida

A ternura de Maria, Mãe de Deus, marca a nossa vida desde o princípio e é para nós uma companhia em todas as fases da nossa vida. Nesse momento de recordação da vida, podemos olhar para os nossos projetos e sonhos para este novo ano e nos perguntar: Como desejamos que a presença de Maria ilumine nossos passos no seguimento de Jesus?

Oração do dia

Ó Deus, que pela virgindade fecunda de Maria
destes à humanidade o dom da salvação eterna,
dai-nos contar sempre com a intercessão
daquela que nos trouxe o autor da vida, Jesus Cristo.
Ele, que é Deus, e convosco vive e reina,
na unidade do Espírito Santo,
por todos os séculos dos séculos.

Canto de aclamação

Quero que faças em mim

(José Acácio Santana)

Quero que faças em mim
Segundo a tua Palavra, Senhor.
Quero dizer sempre sim ao teu projeto de amor. (bis)

Evangelho: Lc 2,16-21

Reflexão

A solenidade de Maria, Mãe de Deus, pode passar despercebida diante das comemorações do início do ano civil. Porém, é possível perceber que essas duas comemorações podem estar em sintonia e se tornar uma marca sempre renovada em nossa vida cristã.

Os pastores foram "às pressas" a Belém e lá encontraram uma mulher e um homem simples, em um ambiente humilde. Viram um recém-nascido deitado em uma manjedoura, na fragilidade, na simplicidade. Estes já são alguns indicadores de como devemos viver nossa vida cristã: não guiados pela momentaneidade e pelo encanto dos fogos de artifício ou pelas promessas passageiras do ano-novo, mas pela realidade concreta da vida cristã, que se fundamenta na humildade e simplicidade.

Guardar os fatos e meditá-los em nosso coração, como o faz Maria, nos oferece, no novo ano, um convite a cultivar maior interiorização e silêncio. Estas duas atitudes são qualificadoras de nossa vida, pois proporcionam-nos a tão desejada paz interior e nos fazem ser pessoas de paz, verdadeiras bênçãos para o mundo de hoje.

Preces

Somos uma bênção para os outros quando nos tornamos sinais de paz, acolhida e esperança.

Neste momento, expressemos espontaneamente as bênçãos que desejamos para nossa família, nossa comunidade, nossa cidade e nosso mundo. Após cada pedido, podemos dizer:

Abençoai, Senhor, o vosso povo.
[No final, concluir:]

Dirigente: Recebei, ó Pai, as nossas preces, em nome de Jesus, Nosso Senhor. Amém.

Todos: Pai nosso...

Bênção

[Neste momento, os participantes podem formar duplas e abençoarem-se mutuamente com a bênção de Neemias 6,24-26.]

[Colocando as mãos sobre a cabeça, dizer:]

O Senhor te abençoe e te guarde.

[Colocando as mãos sobre a cabeça, dizer:]

Que o Senhor faça brilhar sua face e tenha piedade de ti.

[Dando um abraço fraterno, dizer:]

O Senhor levante sua face para ti e te conceda a paz.

Canto final

Toda graciosa, Mãe do Salvador

(Pe. Zezinho, scj)

Toda graciosa, Mãe do Salvador
Cheia de graça
Assim disse o Senhor
Pela voz do anjo
O céu se pronunciou
Mãe admirável
A Igreja proclamou
Ave, Maria, Santa Maria
Mãe do Senhor, Mãe do Salvador.

CELEBRAÇÃO DA EPIFANIA DO SENHOR

Na festa da Epifania, celebramos a manifestação do Menino-Deus, luz para todas as nações, como reza o prefácio desse dia: "Revelastes, hoje, o mistério de vosso Filho como luz para iluminar todos os povos no caminho da salvação".

Essa celebração originou-se nas Igrejas do Oriente, no século III, primeiramente no Egito e, depois, em Jerusalém e na Síria, associada a uma festa do sol, chamada também de "festa das luzes". No Ocidente, a Epifania ganhou um forte significado na manifestação aos reis magos, que, vindos de diferentes lugares, simbolizam todas as nações. Eles reconheceram a identidade de Jesus, nascido na humildade de um estábulo, rodeado dos seus pais e de alguns pastores, como o Messias que leva a salvação aos pagãos.

Celebremos com muito júbilo a festa da Epifania, pois todas as nações são agraciadas com a presença do Messias, que traz consigo a salvação: "Ergue-te, torna-te luz, pois tua luz chegou e a glória do Senhor resplandeceu sobre ti!" (Is 60,1).

Canto de abertura

A noite se iluminou

(José Acácio Santana)

A noite se iluminou, o céu se vestiu de luz
Os anjos cantaram glória, quando nasceu Jesus.

Eu quero ver tua estrela no céu
Iluminando o caminho do bem
Eu quero ver todo o povo sorrindo
E, junto, seguindo a lição de Belém
Eu quero ver os pastores chegando
Pra visitar o Menino Jesus.

Eu quero ver todo o povo sorrindo
E junto seguindo a mensagem da luz
Eu quero ver os reis magos chegando
E humildemente adorando o Senhor
Eu quero ver todo o povo sorrindo
E, junto, seguindo a mensagem do amor.

Recordação da vida

Os reis magos fizeram uma longa caminhada à procura do Messias, animados pela promessa e procurando discernir os sinais de Deus na história. A humanidade também caminha buscando a luz que rompe a escuridão e dá sentido à nossa caminhada de peregrinos do Absoluto.

Esses reis deram presentes significativos e preciosos ao recém-nascido. Em nosso caminho de fé e discipulado, também somos chamados a fazer nossa oferta. Nesse momento de recordação da vida, reflitamos: Quais são as ofertas que hoje fazemos ao Senhor? Qual é a luz que ilumina a nossa caminhada em direção a Deus? Estamos atentos ou distraídos à presença de Deus em nossa história?

Oração do dia

Ó Deus,
que hoje revelastes o vosso Filho unigênito às nações,
guiando-as pela estrela,
concedei benigno a nós,
que já vos conhecemos pela fé,
sermos conduzidos à contemplação da vossa face no céu.
Por Nosso Senhor Jesus Cristo, vosso Filho, que é Deus,
e convosco vive e reina, na unidade do Espírito Santo,
por todos os séculos dos séculos.

Canto de aclamação

No princípio era a Palavra

(Frei Fabreti, ofm)

Aleluia! Aleluia!

No princípio era a Palavra
e a Palavra se encarnou.
E nós vimos sua glória,
seu amor nos libertou (Jo 1,1-4).

Evangelho: Mt 2,1-12

Reflexão

Os magos buscaram conhecer o Messias anunciado pelas Escrituras e trouxeram o reconhecimento dos pagãos ao Rei que acabara de nascer. A caminhada desses reis estrangeiros marcou um itinerário de fé, pois, conduzidos pelo sinal da estrela, deixaram-se guiar até o local do nascimento do Menino.

A luz da estrela os iluminou na escuridão da noite e os conduziu ao local do nascimento de Jesus. Ao chegarem, fizeram gestos muito significativos:

- Prostraram-se e adoraram: gesto de humildade, contemplação e adoração diante do mistério de Deus.

- Ofereceram presentes valiosos: ouro, sinal da sua realeza; incenso, simbolizando a sua divindade e o louvor que sobe aos céus; e mirra, que preanunciava sua paixão e simbolizava o amor, usada na preparação do corpo ao sepultamento.

- Seguiram por outro caminho: a partir da compreensão dos sinais que manifestavam a presença de Deus, os reis magos modificaram o seu percurso. Talvez seja isso o que Deus nos pede também, um coração aberto para acolher o seu chamado e ir ao encontro de novas realidades.

Como buscadores de Deus, caminhemos até fazer a oferta da nossa própria vida, tornando-nos luz que é oferecida a todos. Os magos não encontraram o Rei da forma como esperavam, mas descobriram a luz verdadeira: o próprio Cristo. Que possamos estar abertos às surpresas de Deus.

Preces

Nesse dia em que celebramos a manifestação do Senhor a todos os povos, elevemos a ele nossos pedidos:

Todos: Guia nossos passos pelo caminho da salvação.

1. Senhor, que conduzistes os passos dos magos por meio da estrela do Oriente, iluminai os caminhos dos que vivem na escuridão.
2. Senhor, acolhei todos os que vos buscam com coração sincero e ajudai-os a viver na esperança da salvação.
3. Senhor, concedei ao vosso povo a paz verdadeira, fruto da justiça e da misericórdia.
4. Senhor, neste tempo de vossa revelação, continuai a manifestar-vos a cada um de nós no cotidiano da nossa vida.

[Preces espontâneas. Ao concluí-las:]

Dirigente: Recebei, ó Pai, as nossas preces, em nome de Jesus, Nosso Senhor. Amém.

Todos: Pai nosso...

Bênção

Dirigente: "Ergue-te, torna-te luz, pois tua luz chegou e a glória do Senhor resplandeceu sobre ti! Povos andarão para tua luz, e reis, para o clarão de teu resplandecer" (Is 60,1.3).

Dirigente: O Senhor nos abençoe, livre-nos de todo mal e nos conduza à vida eterna. Amém.

CELEBRAÇÃO DO BATISMO DO SENHOR

A Festa do Batismo do Senhor encerra o tempo do Natal. O Pai apresenta o seu Filho amado, que é também o Servo profetizado por Isaías. Com o batismo, Jesus é ungido pelo Espírito e inicia seu ministério. Embora não precisasse receber o batismo para o arrependimento dos pecados, ele o recebeu para que se cumprisse toda a justiça. Com esse gesto, Jesus mostrou que não era o Messias cheio de triunfo e poder político que Israel esperava, mas sim o Messias que serve, que testemunha em palavras e ações, e realiza em sua própria vida a vontade do Pai.

A missão de Jesus foi confirmada pela descida do Espírito sobre ele e pela voz do Pai, que disse: "Tu és meu Filho Amado; em ti me comprazo". No batismo de Jesus, já está presente o sinal precursor do Mistério Pascal de Cristo. Para nós cristãos, o Batismo é a nossa primeira morte, pois nele somos enxertados no Corpo de Cristo – morremos com Cristo e ressuscitamos com ele – e é também a celebração da nossa salvação.

Ao celebrarmos o batismo do Senhor, recordemos também a data do nosso Batismo, que marca o nosso novo nascimento.

Canto de abertura

És água viva

(Pe. Zezinho, scj)

Eu te peço desta água que tu tens
É água viva, meu Senhor
Tenho sede e tenho fome de amor
E acredito nesta fonte de onde vens.

Vens de Deus, estás em Deus
Também és Deus
E Deus contigo faz um só
Eu porém que vim da terra
E volto ao pó
Quero viver eternamente ao lado teu.

És água viva
És vida nova
E todo dia me batizas outra vez
Me fazes renascer
Me fazes reviver
Eu quero água desta fonte de onde vens.

Recordação da vida

No Batismo, fomos imersos na morte de Cristo (Rm 6,3) para, com ele, recebermos uma vida nova. Como essa realidade está alinhada às nossas decisões e escolhas? O Batismo levou Jesus a acolher o novo e a assumir a sua missão até a cruz. De que modo vivenciamos o nosso Batismo? Estamos preparados para renovar nossos compromissos batismais e ser sinais de esperança em um mundo em que a indiferença e a intolerância crescem a cada dia? O que significa ser cristão nos dias de hoje?

Oração do dia

Deus eterno e todo-poderoso,
que, tendo sido o Cristo batizado no rio Jordão,
e descendo sobre ele o Espírito Santo,
o declarastes solenemente vosso dileto Filho,
concedei aos vossos filhos adotivos,
renascidos da água e do Espírito Santo,
perseverar constantemente em vosso amor.
Por Nosso Senhor Jesus Cristo, vosso Filho, que é Deus,
e convosco vive e reina, na unidade do Espírito Santo,
por todos os séculos dos séculos.

Canto de aclamação

Meu Filho muito amado

(José Acácio Santana)

Abriram-se os céus e fez-se ouvir a voz do Pai:
Este é meu Filho amado;
Escutai-o, todos vós!

Aleluia! Aleluia! Aleluia! Aleluia!

Desceu sobre Jesus o Santo Espírito de Deus:
Este é meu Filho muito amado.
Nele eu ponho o meu amor.

Reflexão

A narrativa de Lucas apresenta o testemunho de João Batista e o relato do batismo. Podemos observar que essa narrativa é construída sobre uma estrutura trinitária: a descida do Espírito, a voz do Pai e o título de Filho, de modo que as três pessoas da Trindade estavam presentes: o Filho, recebendo o batismo; o Pai, reconhecendo-o como Filho; e o Espírito Santo, ungindo-o para que possa assumir sua missão messiânica.

A instauração do Reino ocorre entre esses dois acontecimentos: o batismo e a cruz. O batismo é o início do caminho que levará Jesus à cruz e manifesta sua messianidade; é a descida do Espírito que torna possível o seu ministério, realizado com palavras e ações. Além disso, o batismo de Jesus marca o nascimento da comunidade cristã. É por meio dele que a Igreja recebe a unção do mesmo Espírito Santo e se torna participante da missão de Jesus, que é o anúncio do Reino.

O batismo de João é realizado com água, gesto simbólico; o de Jesus, provém do Espírito Santo. João reconhece que Jesus é o Messias, por isso protesta em dar a ele o seu batismo. Mas Jesus deseja realizar toda a justiça, obedecer ao plano divino. Com esse gesto, Jesus dá os primeiros passos de sua vida pública até a cruz. Para o povo, o batismo era sinal de arrependimento, enquanto para Jesus é a plenitude da justiça, a obediência ao Pai, que o leva a aceitar o seu destino e a assumir sua missão.

Em Jesus, estão presentes as duas figuras anunciadas pelos profetas, a do Filho de linhagem real e a do Servo sofredor. "Ele viu o Espírito de Deus descer como pomba e vir sobre ele", essa pomba simboliza a ação do Espírito de Deus que, no princípio dos tempos, "pairava sobre a superfície das águas" (Gn 1,2; cf. 8,8-19), evocando a nova criação que se inicia com Jesus e sua missão.

"Este é meu Filho Amado, no qual me comprazo" (Mt 3,17), "meu Filho" é a mesma proclamação que aparece em Is 42,1: "Eis aí meu servo, seguro-o, meu escolhido, a quem minha alma favorece". A filiação é atribuída pelo próprio Pai. No batismo, Jesus é conduzido pelo Espírito que desce sobre ele, levando-o a assumir a missão que lhe foi confiada.

A Festa do Batismo nos convida a continuar a missão de Jesus e a vivenciar a experiência de ouvir a voz do Pai, que se manifesta a nós através de seu Espírito.

Que, nessa celebração, o Senhor renove em nós o seu amor e nos conceda o dom do seu Espírito, para que possamos ser fiéis à vocação que dele recebemos.

Preces

Dirigente: Hoje "os céus se abriram" manifestando a todos os povos a filiação divina de Jesus.

Todos: Ó Pai, dai-nos vida plena.

1. Por todos os batizados que, fiéis a seu Batismo, vivem e testemunham a fé em suas famílias e comunidades, pedimos-vos:

2. Por todos os que, comprometidos com a missão recebida no Batismo, continuam a serviço do Reino, escutando o clamor de todos os que padecem, pedimos-vos:

3. Por todos os ministros e leigos, para que, animados pela fé, continuem servindo à Igreja com generosidade e dedicação, pedimos-vos:

4. Pelos que ainda não conhecem Jesus Cristo, para que, pela ação do Espírito Santo, possam conhecê-lo e segui-lo, pedimos-vos:

[Preces espontâneas. No final, concluir:]

Dirigente: Recebei, ó Pai, as nossas preces, em nome de Jesus, Nosso Senhor. Amém.

Todos: Pai nosso...

[Se houver fonte batismal, todos devem se reunir ao redor dela. Ou, então, utilizar água já abençoada.]

Renovação das promessas do Batismo

Dirigente: O Batismo marca a nossa identidade como filhos de Deus, irmãos e irmãs. Nele, assumimos a mesma esperança e somos impulsionados a viver o amor nas relações fraternas. A comunidade nos ajuda a assumir a missão de Jesus, vivendo em contínua conversão, renovando a fé e sendo comunicadora da graça e do amor de Deus.

Dirigente: Renunciais ao pecado para viver na liberdade dos filhos de Deus?

Todos: Renuncio.

Dirigente: Renunciais a tudo que causa desunião para viver como irmãos e irmãs e para que o pecado não domine sobre vós?

Todos: Renuncio.

Dirigente: Renunciais ao demônio, autor e princípio do pecado, para seguir Jesus Cristo?

Todos: Renuncio.

Dirigente: Credes em Deus, Pai todo-poderoso, criador do céu e da terra?

Todos: Creio.

Dirigente: Credes em Jesus Cristo, seu único Filho, Nosso Senhor, que nasceu da Virgem Maria, padeceu e foi sepultado, ressuscitou dos mortos e está sentado à direita do Pai.

Todos: Creio.

Dirigente: Credes no Espírito Santo, na Santa Igreja Católica, na comunhão dos Santos, na remissão dos pecados, na ressurreição dos mortos e na vida eterna?

Todos: Creio.

Dirigente: Esta é a nossa fé, que da Igreja recebemos e sinceramente professamos, razão de nossa alegria, em Cristo, Nosso Senhor.

Todos: Amém.

Dirigente: Neste dia em que celebramos o batismo de Jesus nas águas do rio Jordão, renovemos o compromisso de levar a sério o nosso Batismo, vivendo a novidade do Reino.

[O dirigente asperge a assembleia, enquanto todos cantam.]

Banhados em Cristo

(Ione Buyst, D.R.)

Banhados em Cristo,
Somos uma nova criatura.
As coisas antigas já se passaram,
Somos nascidos de novo.
Aleluia, aleluia, aleluia.

[Ao terminar a aspersão, concluir:]

Bênção

Dirigente: Concedei, ó Deus, a vossos fiéis a vossa bênção, para que nunca se afastem de vós. Por Cristo, Nosso Senhor.

Todos: Amém.

Dirigente: Abençoe-nos Deus todo-poderoso, Pai e Filho e Espírito Santo.

Todos: Amém.

Dirigente: Louvado seja Nosso Senhor Jesus Cristo.

Canto final

[Canto à escolha. Sugestões na playlist musical indicada para esta celebração.]

OBRAS PESQUISADAS

A BÍBLIA. São Paulo: Paulinas, 2023.

ALDAZÁBAL, José. *Vocabulário Básico de Liturgia*. Trad. Paulinas Portugal. São Paulo: Paulinas, 2013 (verbetes consultados: Antífonas do Ó, Árvore de Natal, Candeia ou vela, Cores, Natal).

ALDAZÁBAL, José. *Instrução Geral sobre o Missal Romano*. Trad. Antonio Francisco Lelo. São Paulo: Paulinas, 2012.

ANCILLI, Ermanno; PONTIFÍCIO INSTITUTO DE ESPIRITUALIDADE TERESIANUM (orgs.). *Dicionário de Espiritualidade*. Trad. Orlando Soares Moreira e Silvana Leite. São Paulo: Paulinas/Loyola, 2012. v. 1 e 3 (verbetes consultados: Advento, Ano Litúrgico, Natal, Tempo).

BARBAGLIO, Giuseppe; DIANICH, S. (orgs.). *Nuovo Dizionario di Teologia*. 5. ed. Milão: Paoline (verbetes consultados: Maria, Mariologia).

CLARAVAL, Bernardo de. Sermo 5 – *Adventu Domini*, 1-3, in *Sermones de tempore – Opera omnia*, 4. Roma: Edizioni Cistercienci, 1966, p. 188.

CONCÍLIO VATICANO II. *Constituição dogmática Lumen Gentium*: sobre a Igreja. São Paulo: Paulinas, 1964.

DOTRO, Ricardo; HELDER, Gerardo. *Diccionario de Liturgia*. Buenos Aires: Amico, 2006 (verbetes consultados: Adviento, Árbol de Navidad, Vela).

FRANCISCO, Papa. *Carta apostólica Admirabile Signum*: sobre o significado e valor do presépio. São Paulo: Paulinas, 2019.

FRANCISCO, Papa. *Exortação apostólica pós-sinodal Amoris Lætitia*: sobre o amor na família. São Paulo: Paulinas, 2016.

JORGE, J. A. *Dicionário Informativo Bíblico-teológico e Litúrgico*: com aplicações práticas. Campinas: Átomo, 1999 (verbetes consultados: Advento, Família cristã).

MCKENZIE, J. *Dicionário Bíblico*. 9. ed. Trad. Álvaro Cunha. São Paulo: Paulus, 2005 (verbetes consultados: Igreja, Família).

MISSAL ROMANO. Brasília: CNBB, 2023.

PACOMIO (coord.). *Dizionario Teológico Interdisciplinare*. Milão: Marietti, 1977 (verbetes consultados: Anno Liturgico, Maria, Segno-simbolo).

ROMASEGRETA.IT. *Santa Maria Maggiore*. Disponível em: omasegreta.it/monti/s-maria-maggiore.html). Acesso em: 25/05/2024.

SARTORE, S.; ACHILLE, M. Triacca. *Dicionário de Liturgia*. Trad. Isabel Leal Ferreira. São Paulo: Paulinas, 1992. (Verbete consultado: Virgem Maria).

VATICAN NEWS. *Angelus*, 02/12/2018. Disponível em: vaticannews.va. Acesso em: 24/05/2024.